ふるさとからの教育論

—近江の心に育てられて—

村田　昇　著

序に替えて
——年頭に思う

新しい年を迎え、元気で傘寿を迎えさせて頂けたことに対する深甚なる感謝の念の下に、先ず玄関前に国旗を掲揚し、初日に対して両手を合わせ、神棚とお仏壇に灯明とお鏡餅を供えた後、天智天皇を祀る錦織の近江神宮、坂本の日吉大社、氏神の小椋《おぐら》神社、比叡山横川の元三大師堂、檀那寺の光明山眞迎寺に詣でて、祖国の安寧と今年こそは皆にとって佳き年であることを祈念した。

一

旧年はまさに外患内憂に満ちた多難な年であった。格別な酷暑の後の台風と大地震、それに続くインド洋大津波と、自然は激しく荒れ狂い、その人的・物的被害は莫大である。衷心より被害者のご冥福と早期の復興をお祈りしたい。

それに外交面ではイラク問題、北朝鮮の拉致及び核開発に対する不誠実な対応、韓国の竹島やロシアの北方領土に対する問題、とりわけ中国は我が国に対して数々の内政干渉を行うばかりか、尖閣諸島領有権を強調し始める中で、ついに原子力潜水艦による領海侵犯まで行ったのである。この時、我が国経済界を代表する人たちからは、小泉首相に靖国神社参拝中止が申し出られたり、日本は「中華世界の一員になる覚悟が必要である」とまで主張された（参照：「大会議中国爆発」『文芸春秋』平成一六年一二月号）。いわゆる「政冷経熱」とされる日中関係を改善するためとはいえ、これまでにも問題となった一部政治家と外務省チャイナスクールによる土下座外交とともに、これでいいのだろうか。我が国の主権及び安全保障とも関わって、危惧されてならない。

そして、不況からの脱出がいまだになされ得ない中で、世相の悪化、特に犯罪の激増と凶悪化、しかもそれが年少化しているばかりか、最近では幼児虐待が多発し、母親による我が子殺傷や小学生による同級生殺しにまで至るとなると、暗澹たる気持ちとなり、それを論じる言葉も出ない。そして最後には、奈良女児童誘拐殺人事件まで招来したのである。

二

最初の自然災害は「備えあれば憂いなし」の諺に従い、被害を最小限度に留めるための準備と心構えが必要であろう。ハード、ソフトの両面にわたり、いわば官民一体となった取り組みがなされなければならない。しかしこの場合、行政当局をはじめとする他人任せでは、いざという時に功を奏しないことに留意する必要があろう。

今年は「終戦六十周年」という節目の年に当たる。この年にこそ、「日本国ガ再ビ米国ノ脅威トナリ又ハ平和及安全ノ脅威トナラザルコトヲ確実ニスルコト」を「究極ノ目的」として行われた米国による占領政策の余塵から完全に脱し、国際社会の中で在るべき日本の国家理念が確立されなければならない。何しろ占領軍の最高司令官であったマッカーサー元帥でさえも、アメリカ上院において査問された際に「日本が第二次大戦に赴いたのは安全保証のためであった」と答弁し、トルーマン大統領との会談においては「東京裁判は誤りであった」と明確に述べたのであり、アメリカ政府もそのことを暴露的に発表している。もちろん「堪ヘ難キヲ堪エ忍ビ難キヲ忍」んだ結果の戦争であったとは言え、我が国にも反省すべき点はあったであろう。しかし、過去に我が国が行ったことはすべて悪であったかのような自虐的・反国的史観から脱することが肝要であり、そうして、当時の国際的状況の中での我が国の対応を全体的に把握し、公正な判断を行うことが求められるのである。

そしてたとえ中国から「歴史を鑑とせよ」などと恫喝されたとしても、何しろ相手は「馬上より天下を取る」ことを旨とした「易姓革命」以来、政府の政治的意図によって歴史を捏造する伝統をもち続けてきた国である。したがって、この国に対処するためには中正にして公正な歴史観を堅持し、主権国家としての国益を重視し、「お互いに歴史を鑑としましょう」と胸を張り、毅然とした態度で臨むことがより大切であると考える。

今年はあたかも中学校教科書採択の年に当たる。上記のためにも、特に歴史教科書には何としても

『学習指導要領』に明示された「我が国の歴史に対する愛情を深める」ことを可能にするものが採択されることが願われる。ここから教育の正常化が図られていくことは、言うまでもない。ともかく、祖先が営々と築き上げて来た我が国の歴史と伝統を否定した教科書で学習していては、生徒たちは自分が日本人として生を享けたことに嫌悪感を抱き、自暴自棄に陥ることは間違いない。諸外国との対等な対応もなされ得ずに、結局はあの土下座外交のようになってしまうであろう。

犯罪、とりわけ青少年犯罪に至っては、先の日本的伝統が軽視される中で日本古来の心が失われたことにその大きな原因があることは否定できない。とりわけ、祖先に顔向けできないようなことは、祖先を辱めるようなことは、絶対にやってはならない、という気持ちが、今日、人びとの中に失われてはいないだろうか。皆の目がある。誰かに見られている。また、誰も見ていないけど、お日様が、お月様が見ておられる。誤魔化すことはできない。その気持ちである。これがなされ得るためには、祖先崇拝の下に家族全体の絆が結ばれ、その心が「向こう三軒両隣り」に及び、やがてはそれが地域連帯感に至り、地域の安全は地域全体で守り合い、地域の子供は地域全体で守り育てられていることが必要である。しかし今日、社会の構造的変化の中で家庭と地域社会の解体化が進みつつあり、その教育力も弱体化してしまっている。これが青少年非行の増加をもたらしていることは、多くの犯罪事例の示すところである。

今日進行を強めている少子高齢化は国の将来の活力に関わるものだけに、少子高齢社会対策ではなく、真の少子化対策が、それこそ妊娠・出産・育児の原点に立ち返って講じられなければならない。このことについてはここでは、わたくしが会長を務めている某委員会で、二委員の発言によって当委員会の空気が大きく変化したとを挙げるに留め、機を改めて述べさせて頂きたい。その発言とは、一つは長く民生・児童委員を務めてこられた某女性委員からの「正直言って子育ては大変でした。しかし、それを通じて母親でないと味合うことのできない悦びをも与えられました。今は女性として生を享けたことに誇りを抱いています」という発言であり、他は某宗教系私立保育園園長からのもので、「園児を迎えに来られる保護者の方々に、毎日、我が子を少なくとも一日に一回はしっかりと抱きしめ、笑顔を交わしてやって下さい、とお願いしています」というものであった。

今日の我が国には至難な問題が渦巻いているとしても、決して諦めてはならない。日本人はいざという時にはまだまだ本領を発揮することが可能なことを、この度の台風や地震の被害地の報道からも知ることができたのである。特に奈良女児誘拐殺人事件である。あの生駒郡平群町の遺体が放置された道路脇には常に多くの花が供えられ、少女の冥福を祈り合掌する人が後を絶たなかった。容疑者が逮捕された時には、そこにはメッセージが、お正月にはお年玉までが供えられていた。実に地域全住民によってその子の死が悼まれていたと言える。しかも事件以後、その学校の児童たちの通学は地域の方々の自発的な取り組みによって守られた。犬を散歩に連れ出すのにも、児童の帰宅時間に合わせようとされていたと聞いた。まさに「禍を転じて福となす」ための取り組みが実り、家族と地域の絆がより確固たるものとなったと言えるのである。これまで及ばずながらも「子育ての基盤はあくまで家庭にある。そして、地域の子供たちは地域全体によって守られ育てられなければならない。それを促進し、補完するのが行政の役割である」と主張し続けながらその運動の先頭に立たせて頂いてきた者として、実に涙のこぼれる思いであった。

事件防止のためには、防犯カメラやセンサーを設置したり防犯ベルを携帯することなども大切ではあろう。しかしそうだと言って、機械器具に安易に頼りきってしまうのでは、却って危険なのではなかろうか。あくまで我が身は我が身で守る、幼い子供たちのいのちは、親が、大人が我が身を挺して守り抜くという心構えこそ肝要なのであり、ここから子供の親、大人に対する信頼と感謝の念も育っていく。この「親心・子心」（ペスタロッチー）の下でこそ、機械器具が真の効力を発揮すると言えるのである。このことは、新潟県での大震災を報道するテレビの映像にも明確に現れていた。あの国家テロとも言うべき北朝鮮による拉致事件の被害者たちにしても、幸いに帰国がなされ得たとはいえ、ご家族と地域、同級生たちの温かい支援なしには、あれだけ早く祖国になじむことはできなかったであろう。

この家族的な地域の絆の下に全体が連帯協働していくことこそが、「和をもって貴し」とする家族国家日本の伝統であり、何よりも今日に蘇らせたいものであると考える。ここから日本人としてのアイデンティティも促され、「ごく当たり前の常識感覚」が働き合うことであろう。たとえ細やかなことであっても、誰もが直ちにできることから始めていこう。そうしてそれを、皆が手を繋ぎ合って、身近な郷里から国全体へと拡げていきたいものである。

三

ところで今年は、我が家も祖父の百回忌を迎える。祖父春水（俗名、文吉）は、御水尾天皇の皇女で仰木庄を所轄した東福門院賀子《よしこ》内親王の御内今井兼平の末孫であり、慶長一六（一六一一）年に帰農して佛性家を興した九郎八右衛門政継（慶長元～寛文一一年）から数えて第七代目で庄屋を務めていた市右衛門頼継（寛政四～明治元年）の三男として、天保三（一八三二）年一一月二五日に生を享けた。若くして京都に出て漢方・蘭方折衷の医術・解剖術及び種痘学術を学び、医師免許を取得した。京都府士族村田八重（弘化元～大正一二）と結婚し、村田姓を名乗ったが、明治七（一八七四）年六月に家族と共に帰郷して開業した。交通不便な寒村で開業したのは、我が郷土を無医村のままにしておけなかったからではなかろうか。その真偽は分からない。しかし、その三女であった我が母きく（明治一六～昭和三八年）によると、祖父は「医は仁術であって算術ではない」ことを旨とし、診療費等を現金払いできない患者に対しては、未払いと記帳はしておいても、その督促は全くせず、お盆や年末に持参した自作の野菜等だけで済ましていたとか。このため、祖母は針仕事によって生計の足しにしていたと言う。

ちなみに、祖父母は三男四女を授かりながらも、その内の四人は夭折し、長兄藤太郎（明治五～四四年）は比叡山僧となり（参照：拙論「一人の叡山僧」拙編著『日本教育の原点を求めて――伝教大師と現代』東信堂平成元年刊）、末弟秋次郎（明治一八〜三九年）は滋賀師範学校卒業を前に病死した。そのため、四女の小学校教員であったきくが村田家の家督を継ぎ、上司の世話で湖北出身の小学校教員の高橋周蔵（明治二〇〜昭和四〇年）を婿養子に迎え、わたくしたち姉弟を産み育ててくれたのである。祖父は明治三九（一九〇六）年九月二七日に行年七四歳で入寂した。なお、その約一ヵ月前に秋次郎が死去している。

村田家初代の祖父及び叔父の百回忌がその三代目を継ぐわたくしの傘寿と重なるということには、やはり何かの因縁めいたものを感じざるを得ない。

しかも今年は、先に一言したように、「終戦六〇周年」、そしてまた「日露戦争終結一〇〇周年」という節目の年に当たる。この両戦争の世界史的意義について述べるいとまはないが、わたくしが毎年、八月、特にその六日と一五日には、身の引き締まる思いにとらわれることについては、これまでいく度か書いてきた。原爆による被災から奇跡的に免れたとはいえ、怪我や大火傷を負いながら学徒動員先の東洋工業の隅々にまで避難されていた罹災者たちの姿、その涙、うめきや叫びの声。それらは今なお、わたくしの脳裏に深く焼き付いている。そうして、帰郷後直ちに、幼い時から両親に手を曳かれながらお参りした比叡山に、両親が遠い広島で学ぶわたくしのために月参りをしてくれていた比叡山に、また叡山僧であった伯父も眠る比叡山に、お礼参りをし、ご加護を頂いたことに感謝の念を捧げるなかで戦没者たちのご冥福をお祈りするとともに、祖国の再建のために微力を捧げることをお誓いしたことが、六〇年を経た今日にあっても忘れることができないのである。

五年前には心臓疾患のために二回も救急車のお世話になり九死に一生を得させて頂きながらも、今日を迎えさせて頂いたことだけに、感謝の念はことさらに強い。この感謝の思いから、傘寿記念の書を残すことを思い至ったのである。

四

前述した「終戦六〇周年」及び「日露戦争終結一〇〇周年」に鑑み、その記念書は、歴史認識や教育の再生等の問題について考察すべきであろう。しかしこのことについては、平成一四年七月に「日本会議滋賀」で講演させて頂いたものを基に、戦後教育を自分史と関わりながら考察し、『戦後教育の反省とその再生』と題して三年前に脱稿した。しかし、ある事情のためにいまだに上梓できていなかったのであるが、この度やっと、畏友の明星大学教授高橋史朗氏のお世話で、学事出版から出版して頂けることとなり、現在、鋭意進行中である。したがって、歴史及び政治に関わる問題は、その書に委ねることとし、今回は、特に故郷への思いや願い、そしてその故郷をしかと踏まえることを願ったものを中心とすることとした。それは先に述べたように、今日、家族の絆とともに地域連帯感の活性化が重視されることによるが、しかし同時に、祖父が京都からわざわざ草深い里山に帰郷し奉仕的とも言うべき医療を行っていたことを偲ぶ意味からでもある。また、僭越ながらわたくし自身も、恩師の長田新博士のご高配のお蔭で郷里の大学に勤務した後に、他大学から何回か招聘を受けたが、大学の研究室ばかりか僻村の拙宅にまで訪ねてきてくれる卒業生や学生諸君のことを考えると、とても去る気持ちにはなれず、最後まで留まり続けたし、八年間にわたる助手生活を経て常勤講師に昇任した時、母がわたくしに「これから本格的な活動をしてくれるのは嬉しいけど、地域の方々から信頼がなかったならば、どんなにいいことを言ったり書いたりしても、それは本物ではないよ」と言ったことを胸に秘め、及ばずながらも、できる限り地域、つまりふるさとと共に歩むべく努めてきた所存だからである。そして、このことによって自分自身が育てられたことに改めて感謝するものである。

編纂には、これまでに雑誌や新聞に寄稿したものの中から、読み易さを考えて、原則的にはできるだけ短文のものを選び出した。かなりの旧稿も再録されているが、これは寄稿させて頂いた多くの論考を四散させないようにとの願いからでもあるが、今日急に生起したかのように思われる問題も決してそうではなく、以前から論じられながらいまだに解決されていないことが多いことを知って頂ければと考えたからである。

第一章では、わたくしが郷土に対していかなる思いを抱き続けてきたか、そしてそこからわたくしの人間形成にどのような影響を受けてきたかをご推察して頂くことができよう。

第二章では、わたくしの教育学研究の立場を述べているが、ここでもドイツ教育哲学から学びながらも、それはやはり郷里とわが国の「教育現実を哲学する」ためであったことをご理解頂けるであろう。戦後教育は「授業に強くなる」とかでとかく技法に流れ、教育実践を支え方向づける理論が軽視されるきらいがなかったであろうか。教育実践の場にあっても、自己の実践についての哲学的思索がなされることを願うものである。

第三章は、これまで『京都新聞』に連載したものである。その時々の問題に即して論述しているが、連載の日時からかなりの年月を経てはいても、基本的立場としては、今なおご参考に供して頂ける面もあるのではなかろうかと思い、あえて再録させて頂いた。

第四章は、今日の学校教育において特に重要な課題とされる事柄、すなわち、家庭・学校・地域社会の連携協力の必要性、学力向上の問題、心の教育・宗教的情操の涵養の重要性について参考とされるものとした。

教育の問題は結局のところ人そのものにあるとされることから、教師論を第五章とした。

なお、郷土と母国が発展するためには、過去無量の祖先の生命とその思いや願いを受け継いでこの世に生を享け、さらにそれを次世代に繋いでいくべきことに深く思いを馳せ、家族の絆より堅固なものとするとともに、その絆を近隣に、地域に、そして国全体へと拡げていかなければならないとするものであるが、この問題については刊行予定の『戦後教育の反省とその再生』（学事出版）に述べられている。ご批判頂ければ幸甚である。

以上のような思いと願いをもって編纂したとはいえ、何しろ論文集であるので、全体的な統一と体系もなく、重複する点も多々あるであろう。思索の不十分さも否定できない。江湖の忌憚のないご批判を賜れば幸甚である。
なお、感謝の念をもってご紹介した二人の恩師をはじめ、湖友録でご氏名を挙げさせて頂いた方やご一緒に鼎談をさせて頂いた方の中には、御職名等をもふくめ掲載時のままにさせて頂いているが、すでに鬼籍にお入り下さっている方も少なくない。確認をとることができず申し訳なく存じている。衷心よりご冥福をお祈り申し上げたい。
五年前には心臓疾患のために二度も救急車のお世話になりながらも、奇しくも祖父及び叔父の百回忌に当たる年に、心身ともに元気で傘寿を迎えることができたことは無上の歓びとして感謝し、村田家のご先祖様方にまつわることをできる限り調べあげて文章化し、この小著とともにご佛前に捧げたいと念じている。
刊行に当たっては、畏友川嶌順次郎君のとりなしにより、サンライズ出版株式会社様にお世話になった。副題も川嶌君がつけてくれた。岩根順子社長様の誠意ある対応とともに厚く御礼申し上げたい。
平成一七年一月吉日
奥比叡の麓から
村　田　　昇

もくじ

四　学校教育を見直す

一　郷里に根ざす

(一) 比叡に想う――心の世界を蘇らせるために

世のなかに　山てふ山は多けれど
　山とはひえのみ　山をぞいう
（『拾玉集』）

鎌倉前期の天台座主慈円《じえん》（一一五五～一二二五）の歌である。比叡山は『古事記』にも大山咋神《おおやまくいのかみ》の座す神の山としてあり、古来、山といえば比叡を指すほど、歴史の上にその名が記されている。この山の麓に生を享けた伝教大師最澄（七六七～八二二）が、その深山に草庵を結んで求道《ぐどう》一筋の道に入り、日本仏教の基礎を築かれたのが、今からおよそ一二〇〇年前、その下に高僧が輩出し、大師の遺志を継いで大乗仏教を発展させていった。やがて、この比叡山で学んだ傑僧たちから、多彩な鎌倉仏教が展開され、日本の心が耕されていく。このことを考えると、我が国の宗教や文化、教育の原点は、比叡山と伝教大師にあると言って過言でない。この伝教大師のお言葉に「悪事《あくじ》を己《おのれ》に向かえ、好事《こうじ》を他に与え、己を忘れて他を利するは慈悲の極みなり」がある。第二五三世山田恵諦《えたい》天台座主猊下《げいか》（一八八五〜一九九五）のお教えによると、悪い結果を見た時には、自分の責任としてその至らないことを反省し、よい結果を見た時には、皆さんのお蔭であると感謝し、また、皆の嫌がる仕事は自分が進んで引き受け、誰に好まれる仕事は他人に譲り、世のため他人のために尽くすこと、それが最高の慈悲であると解される。この「忘己利他《もうこりた》」の精神をもって、自分の持ち場で精一杯の努力をすることが、「一隅を照らす」ことにもなろう。

昭和五六年にローマ法王ヨハネ・パウロ二世が初めて来日し、日本の宗教界代表と懇談された際に、伝教大師のこのお言葉を引用し、これこそが世界の全宗教に共通するものであり、この精神によって宗教者が相互に協力し合い、世界平和の実現に努めることを訴えられたという。

我が国が戦後の苦境のなかから見事に立ち上がり、経済大国にまで発展したことは、大きく評価されてよい。しかしその繁栄の裏で、心の世界が疎んじられていなかったであろうか。慄然とさせられるような事件が、毎日のように新聞やテレビで報道されているのを見ただけでも、そのことが痛感させられる。青少年非行の増大はもとより、環境の破壊や政治の腐敗も、決してこれと無関係ではなかろう。

今、心の世界の蘇りを図ることが強調されている。山田恵諦座主猊下が、ある時わたくしに、「今日、心の教育が重視されて来たのは結構なことですが、その心の本体はどのように考えられているのでしようか」とおっしゃったことがある。わたくしは、ハッとさせられた。心の本体を基礎付けるもの、それは宗教でしかない。わたくしは滋賀県人として、日本仏教揺籃の地である霊山を日々拝しながら生活を営んでいることに、もっと深い思いをもたなければならないと考えるこの頃である。

（『湖国と文化』滋賀県文化振興事業団。一七巻八号。通巻六四号。巻頭言。平成五年七月）

㈡ ふるさとに思う

過日放映されたNHKスペシャル「映像詩〝里山〟覚えていますか、ふるさとの風景」。これには、棚田の四季とそこに共存する生物に魅せられ、この地に居を移された写真家、今森光彦氏が撮り続けてこられた映像を基に、私が生まれ、育ち、今も住むふるさとの姿が見事に描き出されていた。

蓑《みの》を置いたら隠れてしまうという狭隘な田圃、いわゆる「蓑隠し田《みのかくしだ》」などは、今は圃場《ほじょう》整備によって改造され、田道も軽トラックが通れるように拡げられた。当然、都市的生活の波は、この里山にも押し寄せている。しかし、棚田の風情は住民の人情とともに今も生き続けている。村祭りも、古式祭典として厳粛に催行されている。その姿が映像を通じて蘇らされていた。私は、この山川で昆虫を追いかけ、小魚を釣った少年時代を思い出しながら、日本人古来の心を感じとった。そして、幼少期にこの里山が自然の大教場であったおかげで、今日の私があると、あらためて感謝の念を抱かずにはいられなかった。

それにしても、今ではこの里山に遊ぶ子どもの姿をあまり見かけない。まして、都市に住む子どもたちにとっては、このような田舎の生活風景は、お伽の世界の事柄でしかなかろう。これでは健康力も育たない。自然の神秘さに触れ、それを少しでも解明しようとする心は起こらない。感性も耕されず、詩心もわかない。生命の神秘さに気づかない。自然や人間の力を超えたものに対する畏敬の念に至っては、なおさらであろう。

今日、少年の問題行動が深刻化するなかで、「次世代を育てる心を失う危機」が指摘されている。このような状況をもたらした原因を一概に言うことは難しい。しかし、その大きな原因の一つが、現代人が大自然とのかかわりやそこでの根源的な体験を等閑にしたことにあるのは間違いない。今こそ私たちは「世界の喜び、感激、神秘などを子どもと一緒に再発見し、感動を分かち合ってくれる大人が、少なくとも一人そばにいる必要があります」とするアメリカの女流海洋学者レイチェル・カールソン

（R.L.Carson,1907～1964）の言葉に耳を傾けながら、子どもたちに里山生活を体験させることを、より積極的に講じたい。これなしには「豊かな心」を核とする「生きる力」は育ち得ないのである。

（『週刊教育資料』教育公論社。六一五号。平成一一年三月）

〔参照〕今森光彦『里山を歩こう』岩波書店　平成一四年
別冊太陽『里山の四季』平凡社　平成一四年

㈢ ふるさと仰木《おうぎ》の原点

暗闇のなかを松明に照らされながら、五社の神輿が鎮守の森に還っていく。その松明の火の粉が蛍のように飛び散り、苗田にもその影を映し出している。後尾には警護に守られた稚児の列が、しずしずと進んでいく。幽遠さが漂う還御の列。賑わいの後の静けさ、厳粛さ、一抹の哀愁さえ感じさせられる。この神輿の後に従った少年時代が懐かしい。この村祭りの思い出が、ふるさと仰木への永遠なる誇りと愛情を高めてくれる。そうして、わたくしがこれまでの苦難や孤独感に陥った時に慰めや励ましを与えてくれたのは、このふるさとへの思いであった。小椋《おぐら》神社の古式祭典は、まさに仰木の人たちの心を育て、それを結びつける原点であると言わなければならない。今は遠くに住む出身者たちにも、若かりし頃に祭りに関わった思い出が、太鼓の音とともにいつまでも残り、さぞかし生きる支えとなっていることであろう。

わたくしは学生時代を広島で過ごしたことなどから、このお神輿を担ぐ機会をもてなかったことが、残念でならない。しかし、膳所中学校四年生の時に警護として出仕を依頼され、学校を休んで務めさせて頂いた。母は早朝からお風呂を沸かし、精進潔斎してから出ることを厳命した。それだけに小椋神社の祭典は、神聖で厳粛なものとされていたのである。

そうして現在、この小椋神社を守護する任務に当たる親村の一和尚として、小椋神社のさまざまな式典や作業に出仕する栄誉を与えられ、祭典では「公文所《くもんしょ》」に詰めさせて頂いている。重い神輿を担いでくれる青年諸君やそれを親切に指導されている先輩方の姿から、仰木の未来、いや祖国の未来が予示されているのを感じざるを得ない。昨年から万一のことを考え、神輿を載せる御車が準備されたが、担ぎ手はそれを使うことなく、最後まで力強く担いで還ってきてくれる。還御を迎える時には、瞼から流れ出るものを禁じることができない。そうして浅野芳子先生の献身的なご指導による子ども太鼓は、大津市の「親と子の街づくりコンクール」や京都新聞社滋賀本社・びわこ銀行共催の「草の根子ども善行表彰」等にも受賞し、いまや全県的に名を馳せている。この子どもたちが、古式祭典を見事に引き継いでくれることであろう。

最近の世の乱れを生じさせている大きな原因の一つが、戦後、日本古来の善き歴史と伝統が軽視されたばかりか、一部の勢力から否定さえされてきたことにあるのは間違いない。これが国民としての衿持や責任感を喪失させてしまったのである。しかし仰木では古式祭典が見事に維持され続け、このお蔭で今なお日本の心が人びとのなかに息づいている。激しく変動する時代にあっても、祖先が営々と築き上げてきた誇りある伝統は、大切に継承し続けたい。この伝統に根づいてこそ、新しい確かな創造と発展がなされていく。この古式祭典が続く限りふるさと仰木は不滅であり、しかもこれが我が国の精神的な建て直しに大きく資していくことを信じて疑わない。

（『仰木祭に想う』大津市百周年記念事業・仰木太鼓ブロック。平成一〇年七月）

〔付〕中学校時作文二題

秋

一年D組　村　田　　昇

月曜日の午後小学校へ野球をしやうと思つてグローブを片手に家を出た。何といふ美しい空であらう。紺碧にすみ渡つた空に白い雲が一つぽつかり浮かんでいる。旱天続きで心配してゐた稲も、やうやく黄金の波をうちはじめ、あちらこちらで早や稲こきの音も聞えて来る。つい此の間まで、さんごじゆのやうな實が鈴なりになつてゐた隣の柿の木の梢にとりのこされた實が一つ二つ青い空に真赤に照り輝いてゐる。朴歯の下駄をならしてぶらぶらと道を歩くカラカラといふ音が空に高くひゞくので僕は嬉しくなり思ひきり力を入れて歩いた。道端の枯れかけた草にとまつてゐた蝗《いなご》がびつくりしてとび立つた。

小学校についた瞬間僕は不思議なものを発見した。それは春に限り咲く桜が若葉こそ弱々しいが運動場の一隅に真つ盛りに咲き誇つてゐることだ。そんなに今年は暖かかつたのであろうか。

運動場には五、六人の子供が遊んでゐるばかりだ。中学生仲間もゐなかつたが、一先づ道具をかりに行つた。セメント廊下に並べられてある菊の花の高い香がプーンと強く鼻をうつ。足の裏にふれる大地のすがすがしさ、走りまわる鼻や口にスースー流れこんでくる空気のつめたさ、こだまする子供達のかん高い声、ボールの響が思ひきり四方へひろがつて行く。

ふと気がついて空を仰ぐと何時の間にか夕日は西山にかくれようとして真赤に空をそめてゐる。塒に急ぐ烏《からす》がカアカアと僕等の頭上を飛んで行つた。僕も皆に別れをつげて家へいそいだ。たのしい夕食を頭にえがきながら。

（『遵義』滋賀県立膳所中学校　第四巻第六號。昭和一四年一一月廿五日）

国　旗

くもりなき旭日の旗に天照らす
　　神の御稜威を仰ぐ国民

明治天皇の御製である。大空高くはたはたと朝風にはためく日の丸の御旗打仰ぐは、思はず頭をあげないではゐられない気持ち。

又玩是ない子供が愛国行進曲を歌ひながらも紅葉のやうな手に打ふる小旗にぐつと胸にせまるを覚え何とも云へない気持ち、これはおそらく日本人である以上誰でもがいだく心持であらう。何故だかわからない気持。さうだ、それこそ国旗に対して日本精神の発露と言つてよかろう。

白地に日の丸をゑがいた我が国の国旗は南北朝の頃御醍醐天皇が笠置山に行幸の時、官軍の兵士が天皇の命により使つたのが最初と言ひ伝へられてゐる。日出づる国として太陽を型どつた日の丸は皇祖天照大神を表はし、これを白地の正義公平が周囲を包んでゐるとも言はれ、又赤い日の丸は一致団結、白地は日本人の純正潔白な性質を表はしてゐると言はれてゐる。真に日本帝国の国旗こそは太陽の昇るが如き勢を以て国運の栄えをよく表はしてゐる。

国防と商業のために我国の生命線である友邦満洲国の国旗は紅藍白黒満地黄旗と云ふ長い名がついて

をり、昭和七年三月一日満洲国独立當時正式に定まつたものである。国旗の黄色の部分は中央を表し、青は東、白は西、黒は北、赤は南を表はし、満洲国を中心にして正しい政治をしくと云ふ理想を表はしてゐる。

又新秩序の行はれつゝある支那の五色旗は、国内の五民族が共に力を合せようと民族を色にあらはしたものである。

又絶対に相容れることの出来ない国ソヴィエート聯邦の国旗の金の鎌は農民を、金のハンマーは労働者を、金の星は労働者と農民を幸福にするために定めた道を、赤色は革命のために血を流して自由を得たことを表はしたものである。

このやうに国旗はその国を代表してその精神をあらはした尊いものだと思つたら、外国の国旗だからと云つて粗末にするやうな事があつてはならない。各国旗に対して夫々尊敬の念を以て接すべきである。その念を以てしたら往々道ばたに泥まみれになつてゐる日の丸のやぶれを目にするのもなくなるだらう。我々は常に目出たき日、記念すべき日、津々浦々にはためく国旗、青空にくつきり浮き出た日の丸の国旗、その国旗を見上げる時に感ずる厳かな一生忘れられない気持ちですべての事に邁進しなければならない。

（『遵義』滋賀県立膳所中学校　第四巻第五号。昭和一四年九月廿三日）

(四) 湖　友　録

(1) 郷里に勤務していこう

「他の大学に招聘されても、行ったらいかんよ。そうして、郷里に勤務する者でないとできないことを、見つけていこうよ」

県厚生部長鎌田昭二郎君が、二十数年前に杯を交わしながらわたくしに語ったことが、今も忘れられない。彼は当時、大津市衛生課長として、特に学校保健や母子保健の進展にきわめて意欲的に取り組んでいた。自分の抱負をひそかに語りながら、わたくしを激励してくれたのである。わたくしにも、これまでに転機は何回かあったが、それに思いとどめさせた原因の一つに彼のこの言葉があったことは否定できない。

鎌田君とは県立膳所《ぜぜ》中学校で机を並べた仲である。その同級生で県内にいる者は必ずしも多くはないが、それぞれの職業は違っても、永遠の友である。会えば知らぬひとなら心配するのではないかと思うほど口悪く言い合うのであるが、心は通じている。互いに信頼し、尊敬し、そのなかで忠告や激励を行い、心の支えとなり合っているのである。

同級生のなかで教職に就いている者も、かなりいる。たいていは校長になっている。そのなかで特につき合いが深いのは、鈴木昭一君である。彼は国語科教育のベテランで、その実践から教えられることが多い。今でも洋書に親しむ学究肌であるので、彼の実践には必ず理論的裏づけがある。彼が呼びかけ人となり、わたくしが大学で卒業論文を指導したひとたちを中心とした「現代教育研究会」がつくられ、かれこれ十年近くなる。三カ月に二回ぐらいの割合で開かれる会合には、彦根周辺からも卒業生が駆けつけてくれる。特に資格など問わない自由な集いであるので、古い友人である山口治氏（親和女子大学教授）も常連のメンバーである。時には元県教育長柳原太郎氏らも、問題提起をしてくださっている。幹事役をつとめてくれている吉永幸司君（滋賀大学附属小教諭）をはじめ、県教育界で中堅として活躍していてくれる教え子たちは、この集いを心待ちしてくれている。

わたくしも、彼らの実践研究から学ぶことが多い。鈴木君はこの理論と実践とのつなぎ役として、わたくしの教え子たちをも指導してくれているのである。彼はこの四月から滋賀女子短期大学の教授となった。

県教委学校教育課参事の内田広君も、膳所での同級生である。剣道で鍛えた豪快にして繊細、誠実、温情、義理堅さ。彼ならではの適職である。彼と心をあたため合うのが楽しみである。

（『朝日新聞』滋賀版。昭和五九年九月一九日）

(2)「あわてないで、待とうや」

あれから三〇年近くになる。勤務の帰途、偶然に、膳所駅で当時の彦根市教育長金川健一先生にお出会いした。「村田君。しばらくつきあえよ」と誘い込まれたのが小さなオデン屋。無名の若僧に親しく声をかけて下さったことに恐縮しながら暖簾をくぐったのであるが、すでに満席。「あわてないで、空くのを待とうや」と、先生は澄ましたもの。立ち話すること約三〇分、ようやく席にありつけた。「村田君、人生とはこのようなものだよ。君も今では助手として小さくなっているのだろうが、やがて道は大きく開かれる。頑張りたまえ、期待しているよ」

さほど深いおつきあいもなかった大先生から激励されたことが、とかく悩みの多い助手時代のわたくしにとって大きな力となったことは否定できない。若い時から教育界の重鎮であった先生方からかわいがっていただいたことに感謝するばかりである。

長く県教育会の事務局長を務められた北条春雄先生は、広島時代の恩師である皇至道博士と滋賀師範学校で同級である。学生時代から、皇先生から当時の県教育長であった峰尾悟先生や北条先生のことをよくお聞きしていたので、休暇で帰ると、事務局へ時々お伺いした。北条先生のお姿には、その道一筋に生きられた教育者の真髄が感じられた。その事務局には、山崎勇蔵先生と岸本修一先生もおられ、父や姉の知人でもあったので、特に親しくして頂くことができた。そこにはいつも、県下の校長やOBの先生方が出入りされていた。わたくしは、これらの先生方からお話を承るのが楽しかった。さりげなく語られる教育体験談から、多くの教えを受けることができたからである。先生方の話のなかに、コメニウス、ルソー、ペスタロッチー、フレーベルはもとより、当時の主要な教育学者の名がよく出て来た。よく書物を読んでおられ、それらがみごとにこなされ、実践化されていたのである。

元彦根市教育長小林重幸先生は、県立図書館長時代からのおつき合いである。先生は県内への巡回図書を精力的に推進され、婦人の読書グループを育成されていた。わたくしは大津市立中央公民館で計画されていた青年講座に常時の講師としてお願いし、十数回ご一緒させていただいた。これが機縁となって、先生が彦根市に行かれてからも、何事にもお招きいただき、ご指導を得たのである。

（『朝日新聞』滋賀版。昭和五九年九月二〇日）

(3)情熱に刺激され問題提起

先に述べた「郷里に勤務する者でないとできないこと」とは、わたくしにとっては、県の教育現実に即して思考し、その進展に何がしかの寄与をなし得ることであろう。もとよりこのためには、学会活動にも後れをとってはならず、また、県教育を全国的視野の下に捉えることが必要である。この意味において、若い時から学校教育と社会教育の実際に直接関わらせて頂く機会を多く与えられたことは幸いであった。

大津市立逢坂小学校は、戦後間もなく、アメリカの校舎をモデルとして建設されたのであるが、そこでは、教職員と児童とが一体となって動植物の飼育栽培を行い、環境構成に努めながら、それを基盤とした全人教育が意欲的に行われていた。そうして、この学校教育を軸とした地域づくりをも、坂田徳三校長はひそかに志向されていたのである。

教育実習の挨拶のためにこの学校を訪問したことが機縁となり、その後度々校内研究や発表会の講師として招聘された。坂田校長と井上銀三郎教頭を中心に全教職員が堅いスクラムを組み、教育の道に精進されていた。先生方の情熱に刺激されて、わたくしもペスタロッチーやシュプランガーの理論を一生懸命に読み、問題提起させて頂いた。助手ないし講師に過ぎなかったわたくしの話は、未熟であり、未消化であったことは否定できない。しかし、坂田、井上両先生は、それを温かく受入れ、敷衍してくださったのである。

附属中学校長片淵勝二教授もそうであった。「研究のことは君に任すよ。遠慮しないで思い切ってやってくれたまえ」といわれ、三年間ばかり、月に二、三度、校内研究会に参加させて頂いた。もちろん、附中の先生方をご指導するというような気持ちは、わたくしには毛頭なく、先生方と一緒に考え、そこで問題になったことについて読み、提案するにすぎなかった。わたくしにとっては、まさしく教育実習なのであった。

このような仕方で未熟なわたくしを導き続けてくださった校長先生方のお顔が思い浮かぶ。矢嶋正信、尾田藤市郎、成宮幹雄、居川嘉衛門、横井正治、石川哲三、田附太郎……（敬称略）。社会教育の面でも、川田市之丞、宇野健一、黄瀬忠太郎、岡本一郎、藤実……（敬称略）。限りがない。この感謝の気持ちを後進の育成にと念じるのである。

（『朝日新聞』滋賀版。昭和五九年九月二一日）

(4) 食糧持ち県内を巡回演奏

幼いときから姉たちの弾いているのを見よう見まねでオルガンをいじっていたわたくしは、膳所中学校に入学して初めて、寺村周太郎先生からピアノの手ほどきを受けた。寺村先生は本来は数学のご専攻であったが、音楽のご造詣も深く、作曲コンクールでも、しばしば受賞されていた。先生は膳所中では数学と音楽の二科目を担当されていたのである。ピアノだけでなく、和声学と旋律法をも特別に教えて頂いているうちに、わたくしは音楽熱にとりつかれ、やがて音楽学校受験を志すようになっていった。しかし、京都師範学校教授の高橋恒治先生（現滋賀女子短期大学教授）のレッスンをも受け合格を目ざしたものの、戦争は熾烈を加え、五年生の六月（昭和一八年）、断念せざるを得なくなってしまった。

傷心をいやすために、わたくしは大西友之進先生（当時県立大津高等女学校教諭）が指導されていた大津混声合唱団に入り、久保貞雄先輩らと共に、歌ったり伴奏をしたりするようになったのであるが、団員の出征や動員が激しく、間もなく解散に追いやられた。わずかな期間ではあったが、アンサンブルの楽しみを初めて教えられたといえよう。

やがて敗戦。復員した団員は自然と集まる。わたくしも、広島で九死に一生を得て帰省し、喜久蒲団の西村真一氏の宅などで彼らに会う。やがて旧団員が中心となり、大津男声合唱団が結成されていく。指揮は大西友之進先生、紅一点は、音楽学校を卒業されたばかりの景山木美子先生。写真家の谷本勇氏もまだ若かったし、東京芸大講師北村昭君もまだ膳中生だった。夏休みには食糧をリュックサックに詰め込み、県内を巡回演奏したのも、懐かしい思い出である。わたくしも、休暇で帰ると、この合唱団で歌ったり、ピアノ伴奏をするのが楽しみであった。そうして、社会教育活動にも目を開かされたのである。きびしい戦中戦後にあって、音楽はわたくしにとってまさしく心の糧であり、生きる証であった。そうして、その仲間たちは、公私共に支え合う永遠の心の友である。昭和二六年一二月に小松虎兎丸先生（当時大津市立打出中学校教頭）や大西先生と共に組織した大津管弦楽団に対しても、彼らは陰に陽に応援を惜しまなかった。彼らは大津文化協会の藤田勉、尾坂政男、川越進先生等のご支援と共に、わたくしの音楽活動にとって忘れえない恩人なのである。

（『朝日新聞』滋賀版。昭和五九年九月二二日）

(5) 郷土文化は育ちつつある

昨年の春のある日、大学の研究室に数人の訪問客があった。かつてわたくしの指揮によって大管で「カルメン」を歌ってくれた山元法子さん。滋賀コンサート協会の理事長で、大管のコンサートマスターである山下和彦君。県合唱連盟の理事長曽根威彦君。バリトンの山本史郎氏。児童合唱指導者の橋本久代さん。なじみの深い人たちばかりである。「今盛り上がりつつあるオペラ熱を結集して協会を結成し、県民のためのオペラを育てていきたい。ぜひともその会長になってほしい」とのこと。

滋賀コンサート協会では、すでに数年前に「大津絵」をテーマとして音楽を上演していたし、びわ湖国体で大好評を得た創作オペラ「三井の晩鐘」がきっかけとなって、関係者のオペラ熱はいよいよ高まり、五七年秋には、コンサート協会で「湖荒れ」が上演されていた。これらの活動を組織的、継続的なものとし、発展させていこうというものである。彼らの決意は固かった。

オペラの運営は、本場のヨーロッパでも至難の業とされている。何しろ、音楽、演劇、バレエ、文学の総合芸術である。経費の面でも大変。それだけに、ヨーロッパでは、地方公共団体が財政的援助を惜しむことなく、その充実に努めているし、人びとも自分の居住地域に特色あるオペラ劇場のあることを誇りとし、支援している。

わたくしも、わが郷土にオペラ団ができればと念願していたので、その趣旨には賛同したことは、当然である。しかし、とても会長の任には堪えない。音楽は専門でない。それに公務多忙のために、大管にさえも顔を出せなくなっている。強く固辞したのであるが、結局、彼らの情熱に負け、引き受けざるを得なくなったのである。

この人たちが発起人となり、広く会員を募り、滋賀オペラ協会は、昨年五月に発足した。副会長としては、いまや国際的な邦楽家である山本邦山氏（大津市出身、元大津管弦楽団フルート奏者）が就任を快諾して下さった。早速、一一月一九日には、近江八幡市で創作オペラ「余呉の天人」を上演。これには、NHK大阪放送局音楽チーフ・プロデューサー垣田昭氏、文教短大野々垣恵信教授、バレエの石田誠治、岡寿子両氏、劇団「芋の華」「青い麦」コール・ライゼの人たち、労音の浅井淳氏ら、多くの方々が手弁当で奉仕してくださった。協会の役員は舞台に出ず、裏方に徹し、若手の起用に努めた。

献身的な取り組みであった。

今年の八月一八日には、世界湖沼環境会議に協賛して、「比良の八荒」が上演された。郷土文化は育ちつつあるのである。

（『朝日新聞』滋賀版。昭和五九年九月二三日）

(五) 江州《ごうしゅう》人その真骨頂をさぐる

——「近江商人」や「近江聖人」のこころを見直そう

アメリカで「ルーツ」というテレビ番組や本が大評判になりました。これは自分の祖先をたどり、自分自身の本質をさぐろうという欲求のあらわれでしょうか。また、わが国でもふるさとをみつめ直そうという動きがみられます。

そこで、近江の歴史や人物について造詣の深い徳永先生と、県内で幅広い教育活動を進めておられる村田先生に、江州人の本質についてお聞きしてみました。

座談　歴史小説家　徳永　真一郎
滋賀大学教授　村　田　昇
関西電力前滋賀支店長　塚本　伊久男

期日　昭和五二年五月

湖の東西南北で気質にかなりの相違

塚本　〝江州人〟というのは、他府県人にくらべてかなり有名だと思いますが、これは昔から全国的に活躍していたからでしょうね。

村田　それはいえますね。全国的に活躍している江州出身者は、経済界だけでなく、学界でも、小さい県ながら今でも多いのです。派手ではありませんが、地道に堅実な研究をされているという点で、共通性があるように思われます。ただ、いわゆるタレントは少ないのではないでしょうか。

しかし、江州人といっても、琵琶湖の東からは〝近江商人〟、西からは〝近江聖人〟が出たというように、湖東と湖西では気質にかなり差があるように感じるのです。もちろん湖北と湖南でも違いがありますし。

徳永　やはり大きな琵琶湖が真ん中にあって、湖の東西南北で自然条件や地理的条件が違っていたからでしょう。

塚本　近江商人は、江州人を語る場合にどうしても中心に考えざるを得ないと思いますが、江州人＝近江商人ではないそれらが一体となりながら〝江州人〟と言うわけですね。

徳永　そう、地域によって気質のちがいが見られますね。たとえば、湖北の人は歴史的にみますと、ずいぶん義理堅いと言えます。湖北出身の石田三成は、最後まで太閤さんの恩義に殉じていますし浅井長政も朝倉氏との盟約を守って、義兄の信長と戦い、自ら滅んでいます。

村田　そういう気風はいまも残っていますね。ひたむきさとか、ねばり強さとか、人情深さとかいう……。

塚本　湖西はやはり近江聖人的な感じがありますか。

村田　精神的なものを大切にする気風は、今もありますね。地道にこつこつ勉強し、仕事をする、そして誠実さがあります。

徳永　昔、京都では湖西から来るお手伝いさんはよく働くというので人気があったということです。

村田　ずいぶん行ったようですね。女中奉公というのは花嫁修行でもあったわけですから。

塚本　甲賀地方というのは、近江の中でも特徴のあるところだといわれていますね。

徳永　ここは湖から離れていますし、独特の気風があると思います。

村田　実直で、野性味があるとか、団結心が強いとかいった感じで、今でも甲賀郡としてのまとまりがあります。

徳永　天保義民として知られた甲賀の一揆とか、甲賀五三家の甲賀武士団とかの、団結の伝統がありますね。

塚本　ひと口に江州人といっても、地域によってその気質にも差があるということになるんですね。

村田　しかし、気質も違っているのに、それらが一体となりながら、〝江州人〟という何らかの共通性をもっています。琵琶湖によって分断されながら、しかも琵琶湖によって統一されているように感じますね。

徳永　琵琶湖という、口をつけたら飲める水がたっぷりあるということは、古代からこの湖の周辺に住む人たちに本能的な安堵感を与えてきたということも、その一つでしょう。

塚本　江州人は、朝鮮半島からの渡来人の影響を多く受けているといわれますね。

徳永　日本側から入ってきた渡来人と、瀬戸内海側からきたそれとが、この近江あたりで入り混じっている。そして土着人を含めてそれらが渾然一体となり、江州人をつくり上げたのではないでしょうか。江州人の優秀な素質は、こうした混血によって生まれたといえるかも知れませんね。

塚本　山で囲まれた湖の国。いわゆる〝近江八景〟に代表される美しい景色。しかも災害が少ないおだやかな土地柄。こうして中で江州人が育ってきたわけですね。

村田　おいしい米もとれますし、山や湖の産物もある。風土の面でも、文化遺産の面でも、小さい規模ながら全部揃っています。

塚本　大津をとりあげてみましても、延暦寺や三井寺の門前町という面、五十三次の宿場町の面、港町の面、そして米相場などが立っていた商業地としての面、また大津城の城下町ということで、いろいろな要素を含んでいます。

村田　言いかえれば、日本のミニ版を形成している〝小宇宙〟だということもできると思います。

近江商人の道徳に生きた仏教の倫理

塚本　江州人というのは、いろいろな要素があることはわかりましたが、そのなかで最も知られている近江商人が、安定した住みよい土地である近江から外へ出るようになったのは、どういうことなんでしょうか。

徳永　近江商人がいわゆる天秤棒をかついで行商行脚を始めたのは中世以降だといわれていますが、もともと住みやすい近江だったのに、戦国時代からたびたび戦場になって痛みつけられ、政策的に領地を細かく分断されて支配されたため年貢などの面で苦しめられたわけです。

塚本　その対応策というか、必要にせまられて、出て行ったのですね。

徳永　近江商人の起源についてはいろんな説がありますが、本質的にはこうしたことが最も大きな要因であったと思います。それに近江は日本の中央にあって主な街道が通っていますので、人の行き来が多く、情報を得ることができる点で地の利を得ていましたね。どこにどういう産物があって、どこへ運べばもうかるかといったことを知る上で便利だったわけです。

村田　〝三里四方、釜のメシを食うところ店を開け〟ということばがあったそうですが、要するにお米を食べることができるような所は、有効需要が大であるという、近江商人のするどい観察力を物語っておりますね。それに〝鋸商売〟といわれている商法、つまり郷土の産物を天秤棒でかついで行商に出かけ、それを売り尽くしたら、行った先の産物を買い込んで、それを売りながら帰ってくる。

塚本　その近江商人が真価を発揮したのはやはり江戸時代でしょうか。

徳永　江戸時代の中期から活動が目立って盛んになってきていますね。江戸、京、大阪の商業の主要なところをほとんど占めましたし、街道筋の宿場町でも米屋、酒屋などはほとんど近江商人が押さえていました。

村田　しかし、近江商人たちは〝職場は戦場である、戦場には婦女子は同行しない〟ということで妻子は郷土に残しています。これは他所で働いていても、精神的拠り所は郷里の近江だということにしていたわけです。

また、近江商人のモットーとするものは、勤勉・倹約・堅実・正直であり、良質な品物を仕入れて薄利多売する。投機的、山師的な商売は絶対にしない。つまり〝のれん〟を大切にするというか、信用第一に働いていているのです。

塚本　それが近江商人を発展させたもとになっているのですね。日野から出た豪商の中井家の初代が残している家訓、商訓などをみましても、そうしてことがはっきり書いてありますね。

徳永　近江商人には仏教、とくに浄土真宗の教えが入り込んでいます。蓮如上人という人は、エネルギッシュな布教活動で知られていますが、その第一歩は近江であり、堅田あたりから、湖東、湖北へと真宗が浸透していったのです。

塚本　天台宗などでなく、庶民の仏教としての真宗の教えが、近江商人の商業道徳の基礎になったというのは興味深いことですね。

徳永　〃誰が見ていなくても、仏さまが見ておられる〃ということで、かげ日なたなく働くとか、正直な行いをするという、つまり自分を律することになったのです。これは近江商人だけでなく、長い留守をまもるその妻たちの貞淑にもつながったと思います。

村田　ヨーロッパの資本主義の成立期に、キリスト教の禁欲の倫理が支配していたといわれていますが、近江商人には仏教の倫理が生きていたといえるわけですね。ヤンマーディーゼルを創設された山岡孫吉さんは、三円五〇銭ほどもって故郷を出られたそうで、成功されたあとも、〃自分の金は三円五〇銭だけだ。あとは社会でもうけさせてもらったのだから、その分は社会へ還元させてもらう〃といっておられます。

近江商人は倹約を旨とするといっても、決してケチなのでなく、生活を切りつめていくが、必要なときにはポンと出すという、気風もあったのですね。

徳永　近江商人の中には、自分の金を二千両も出して瀬田の唐橋をかけ替えたという人もいました。それから、近江商人の出た地方では〝飢饉普請〟というようなことをしているんです。これは不作の年になると豪商の家が建築をするということで、ただお金をあげるのではなく働いてもらって賃金を支払うという、一挙両得の形をとっています。それに、近江商人の出ている土地は〝間引き〟すなわち堕胎がなかったのですが、これは産まれた子がみな就職できる保証があったからでしょう。

近江商人の開拓者精神独創性など多くの教訓

塚本　このような近江商人が、いつの間にか消滅したのではないかというような感じがするのですが。

徳永　近江商人も、二世、三世の時代になっていますから。その特色が薄らいできているということができますね。それに、工業化が進んできたというようなことも影響しています。

塚本　流通部門ではベテランであったが、大量生産の工業が中心となる時代に入って、影が薄くなってきたということですね。最近でこそ県外からの企業の進出が多くなりましたが、それまでは地場産業的なものがほとんどでしょう。

徳永　戦後、教育制度が変わったことも、特色がなくなってきた原因の一つですね。近江商人の士官学校といわれていた八幡商業も、男女共学になり、最近では女生徒の方が多いということですから。この八商の校歌なんかみてみましても、商人として海外へ雄飛しようという気宇宏大なものがうたいこまれています。

　印度の珠玉アラビヤの
　香も集めん南洋の
　珊瑚琥珀も欧の西
　送らん道や幾万里……

といったようにね。

塚本　なるほど、旧制の商業学校のものとは思えない。近江商人の心根があふれていますね。先ごろ、滋賀経済同友会が、県の地域振興について提言を行いましたが、その中でも「日本経済界に大きな影響を与えた旧八幡商業の伝統を受け継ぐ人材をつくるため、専門学校か大学の設立が必要だ」としています。

村田　近江商人が、すでに江戸時代に日本国中、北は北海道から南は九州まで進出して行ったというその開拓者精神、勤勉で信用と責任に生きたという商業道徳、また経営形態や簿記などに独自な方法を生み出したというその独創性などは、誇りにしていいことですし、今の時代でも多くの教訓を含んでいるといえますね。

特に近江商人が商いの拠り所としてきた「三方よし」、つまり「売り手よし、買い手よし、世間よし」とする精神は、今日にあっても特に忘れられてはならないものと考えられます。

塚本　近江商人の気風というのは、大阪商人と共通していると思います。これは近江商人が大阪へ移って経済の中心を占めたことによるのでしょうが、たとえば政治にあまり関与しないというのも、その一つだと思います。

徳永　江州人は、昔から為政者の権力争いを間近に見ていますし、戦争などで大きな犠牲を受けていますから、政治とか権力とかに対して不信感をもっていたのですね。

村田　今から考えますと、そのようなことが江州人の利点であり、弱点でもあったといえるのではないでしょうか。商業に関係するものには強いが、その他のことは、まあ副次的にしか考えていないような点ですね。

塚本　〃近江を制する者は天下を制する〃といわれたのは、地理的にも重要な位置を占める近江を押さえるという意味のほかに、〃お上〃の権威をあまり信用しない、先進的な江州の民衆を統治できるほどの人物なら、日本国中を治めることができる、という意味もあったようですね。

江州人の伝統と潜在能力を生かそう

塚本　ところで、江州人としてこれからの生き方、あるいは将来に向かっての課題といったことについてお話しをお願いしたいのですが。

徳永　かつて武力戦争の舞台であった近江が、いまや経済戦争のまん中にいるわけです。ここで江州人は再び外に出るか、内で戦うかの選択を迫られていると思います。

塚本　自分のものにしてしまうかどうかですね。いわゆる新しい時代への脱皮の時期にきていることも確かですし。

徳永　精神革命が必要な時期であるともいえる。それにはもっと江州人のもつ長所短所を知らなければなりませんね。

村田　滋賀県のよさが、江州人自身に意外と知られていないようです。まず郷土をよく知り、それを基盤として広く世界を眺め、再び郷土を見直していく必要があると思います。今の江州人は、伝統と潜在的能力を十分に生かしきっていないといえるのではないでしょうか。

塚本　かつては、〝江州人は琵琶湖のアユと同じで、他国へ出ないと大きくならない〟といわれたそうですが、今では学校を卒業しても県外へ出る人が少なくなりましたし、それどころか、企業の進出や住宅開発によって、他府県から入ってくる人も多いということで、みんなが郷土をよくすることを考える必要がありますね。

徳永　たしかに、新しく滋賀県へこられた〝新江州人〟と、土着の住民との融合は大きな課題だと思います。

塚本　これからの滋賀を支える若い江州人の意識はどんなものでしょうか。

村田　郷土がいわば下宿地のようになってしまって、一般的には郷土意識といったものは低いかも知れません。それに、生活の危機感というものがほとんどもたれていないですから、安定した私生活を享受する気持ちが強いといえるでしょうね。

徳永　自動車やテレビの普及ということも郷土意識を少なくする原因になっていると思います。休みの日には車で遊びに行ってしまうとか、テレビをみて家に閉じこもっているとかで、青年たちが集まって話し合うということも少なくなっているのですね。

塚本　今はカッコよさとか、流行に敏感になりすぎている。自分の土地で汗して働くということを、もっと大切に考えたいですね。私は、関電の若い社員にも話をするんですが、会社の仕事を離れた時間には、できるだけ地元の青年団の活動とか、地域のいろんな人たちの中へ入ることをするように勧めています。

村田　最近、教育界や青年団体などで、〝郷土を見直そう、新しい郷土を創ろう〟という気運が高まりつつあります。いわゆる〝ふるさと運動〟ですが、私はこれに期待をかけています。こうした運動が、着実に実を結ぶためには精神的な支柱といったものが必要となります。そして、その支柱となるものは〝近江商人や近江聖人の精神〟より他にないと考えるのです。

塚本　そうですね。たしかに〝ふるさとのこころ〟といったものが、案外おろそかにされていますね。

村田　戦後、古いものをことごとく否定することが、近代的であり進歩的であるかのような風潮が一般にありましたので、そうした流れのなかで、近江商人や近江聖人さえも見捨てられたのですね。そして、新しいものばかり追い求めるあまり、内面的変化がなにもなされず、結局江州人としての特色を失うことにもなってしまいました。ですから、今こそ、近江商人や近江聖人を正当に評価し直してその精神を新しく生かしていくことが、私たちにとって大切なことだと思います。

徳永　今は激流の時代ですから、足元をみつめておらないと押し流されてしまいます。江州人としての自覚と連帯感をもって、住みよい郷土をつくる。このことは、みんなが幸せに暮らせるということにつながるのですね。

（『湖のみなさまとともに』関西電力滋賀支店。昭和五二年）

〔付1〕滋賀県の風土と伝承——音楽・民謡を中心として

滋賀県は、古来、近江の国と称せられている。近江の国とは、都に近く、淡海のある国を意味する。淡海、つまりびわ湖は県土の六分の一を占め、おだやかで美しく、しかも限りなく広い。そして、その大湖のまわりには平野が広がり、その平野を伊吹・鈴鹿・比良の山なみが、あたたかく包み込んでいる。湖東・湖西・湖南・湖北がそれぞれ気候・風土を異にし、人情にも違いを見せながらも、全体としては一つのまとまりをなしているのも、そのせいであろうか。

古代人は、水を求めて生活の根拠地をつくりあげていった。びわ湖とそこに流れ込むいくたの河川は、生活の根拠地とするにふさわしく、山林にすむ鳥獣と河川に泳ぐ魚介は豊かであり、土地は肥え、農業に適していた。近江が農業と漁業によって早くから開かれていたことは、よく知られている。当然、ここには、歌や踊りが生まれ、それによって生活や労働の喜怒哀楽が表現されていたであろう。

それに琵琶湖は日本の中心部にあり、都に近い。都に入るためにはこの地を通らざるをえず、近江は昔から日本の渡り廊下とか四つ辻とかいわれたように、交通の要衝であり、日本のあらゆる階層の人びとが往来したのである。

この往来びとたちが明媚な風景とそれにはぐくまれた温和な人情に接し、その感慨を詩歌に託したことは想像できる。近江の風景と人情を歌いあげた詩歌は、万葉の昔から数しれない。能や狂言にも、仙女の鎮座まします島として尊宗された「竹生島」が題材とされ、今なお「謡」によってさかんにうたわれている。関白職をつとめた近衛政家、尚通親子が中国の瀟相八景になぞらえて選定したといわれる近江八景は、詩歌や文学や絵画の名作を生み出す宝庫であったに違いない。

美しい風景と人情を愛するひとたちが訪れ、あるいは永住したとすれば、当然、その地に文化の種を播いていく。県に国宝に指定された文化財が、京都・奈良に次いで多いことが、いにしえの近江が文化の国であったことを証明している。いくたびかの戦禍を被りながらも、近江はたくましく蘇生し、さらに、仏教の総本山ともいわれる比叡山を控える土地柄であっただけに、江州人は、古来、敬神崇祖の念が篤く、今日でもＮＨＫ全国県民意識調査によって、仏教を信仰しているひとの割合は、全国第二位である（『日本人の県民性』一九七九年）。これが、滋賀県人の生活や文化に直接影響していることは、否むことができないであろう。

音楽文化にあっても、そうであったに違いない。延暦寺では、佛教に付随する「声明《しょうみょう》」が今なお誉田氏を中心に守り継がれているし、その麓に鎮座する日吉神社には、室町時代までは「能楽」の素である「猿楽」の団体が三座も仕えていたと言われている。

能楽といえば武家の式楽であり、安土城をはじめ近江に拠を構えた武将たちは、戦いの合間に能を舞ったことであろう。詩歌管弦にすぐれていた平経正が竹生島に詣で、明神の御前で琵琶の秘曲を弾じたことは、『源氏盛衰記』巻二八に記述されている。数多く存する近江の神前では、このようなことがなされていたのであろう。また、『日本西教史』には、「安土の学校落成したるや貴人の子弟をして之に入れしめたり。嘗て信長の此の地に来る時、日向国王の公子音楽を奏しければ、信長之を聴き大に欣喜の色を顕し宮殿に帰れり」とある。安土では、すでに洋楽が奏せられていたのである。

このような神社・佛閣・城内で演じられていた音楽が、庶民階級にどのように影響したのかは知るよしもない。湖北地方に伝わる人形浄瑠璃や子ども狂言、氏神祭りなどに見られる珍しい歌舞音曲・囃子などの起源については、田植唄や地つき唄とともに、今後研究されなければならない。

今なお盆踊り歌として郷土にさかんな「江州音頭」は、その起源が「催馬楽」にあるといわれている。催馬楽は雅楽の謡ものの一種であり、庶民の民謡が公家のあいだに伝わり、しだいに雅楽のうちのスタイルが加味されてできあがったという。幕末の頃、御薗村（現八日市）の住人西沢寅吉が山伏から習った祭文を応用して作ったのが、江州音頭の始まりであるといわれているが、定かでない。しかし、今も江州音頭のなかで短くされた錫杖がふられ、ホラ貝が吹かれるのは、山伏の名残であろうか。人びとの喜捨を求めて行脚した山伏たちが、堂宇建立の趣旨などを唄のように唱えたのが、催馬楽調であったのかもしれない。ともかく、この江州音頭が近江全地域に波及し、それまで各地域で唄われて来た盆踊り歌、たとえば「ショガナイ節」などをしのいでいったことは、否めないのである。

近江が日本の渡り廊下であるとするならば、全国からの民謡が運び込まれるであろう。生活圏も湖北西部と湖西北部は敦賀、湖北東部と湖東は岐阜・名古屋、湖南は京都、甲賀南部は三重県とそれぞれ関わりが深く、全体として京都志向が今日でも強い（『日本人の県民性』）。また、戦前までは京都に女中奉公に出す家が少なくなかった。そのことから逆に、たとえば大津絵の主人公を題材として大津の柴屋町の遊郭から発生した俗謡の「大津絵節」のように、それが全国に広まっていき、今日にも福島県や佐渡など、全国で二二種類のものが独自の替え歌として伝承されており、祭礼、祝儀、酒宴などで歌われていると言われている。

道中では、馬子歌や道中歌もうたわれた筈である。特に伊勢参詣が盛んになると、多くの参詣者は「伊勢音頭」をうたいながら、鈴鹿峠を越えていったと思われる。「伊勢音頭」は、今も、県内全地域に伝承され、今ではさまざまな替え歌され。祭礼、婚礼、棟上げなど、あらゆる祝儀の歌としてうたわれている。

しかし、上述したような近江が、明治以後の近代化の流れにあって、本来、生活や労働との関わりで歌い続けられて来た民謡も、それらの変化とともに、姿を変えていく。ただ、明治五年の学制発布当時には、私塾は八、寺子屋は四五〇も県内にあったことが知られているのであるが、これらを基盤とした義務教育の普及と発達で、地域の民謡と並んで、学校で学んだ唱歌が子どもたちに歌われるようになり、替え歌にされ、それがまるで古来からの民謡であるかのように歌われたこともありうる。事実、高齢者のなかには、民謡と学校唱歌との区別がすでにつかなかったり、また、たとえば江戸の子守歌を地域のそれと同一視しているひとも少なくない。明治時代の軍歌の替え歌が、まりつき歌などとなり、民謡と同様に考えられていることさえ珍しくない。

地域によっては、民謡保存会などが結成され、その保存と伝承を目指す取り組みもなされている。例えば先の「大津絵節」や「淡海節」である。「淡海節」は、堅田出身の喜劇俳優であった志賀廼家淡海（明治一六～昭和三一年）が大正六年に舞鶴海岸を散歩中、波をけって漁船が帰ってゆく風景を見て、その浜辺が堅田の浜とよく似ていることから望郷の念にかられて作詞作曲し、舞台で劇中に歌い絶賛を得たと言われている。共に当該地域に保存会が結成され、その元歌が各種の地域行事等で会員によって演じられている。

それに比べ近江にかかわる歌曲としては、戦前の『新編教育唱歌集（七）』（明治二九年五月）に出てくる「近江八景」（作詞者・作曲者、未詳）と旧制第三高等学校（現・京都大学）のボート部で歌われた「ビワコ就航の歌」（小口太郎作詞・吉田ちあき作曲）（大正六年六月二八日誕生）、琵琶湖で遭難した旧制第四高等学校（現・金沢大学）ボート部に対する哀悼歌である「琵琶湖哀歌」（不詳）ぐらいでしかない。しかも、その「近江八景」は「滋賀県民の歌」（藤沢猟原作詞・西条八十補作、古関裕而作曲）（昭和二九年六月一五日発表）とともに、今や県民から忘れられてはいないだろうか。惜しまれてならない。

ともあれ、滋賀県の民謡では、湖東・湖西・湖南・湖北の各地域が、それぞれ差異性ないし独自性をもちながらも、地域間における長い生活の交流の結果、滋賀県全体としては大きな共通性を見出すことができるように思われる。このことは、風習や生活、全文化についてもいえるのではなかろうか。

（拙稿「近江の音楽風土」『第一二回パイオニアN響コンサート・プログラム』昭和五六年。及び『滋賀県の民謡・民謡調査報告書』滋賀県教育委員会。昭和六一年刊。より）

〔付2〕修身教科書に登場した江州人

Ⅰ 近江の人物

修身教科書に徳目を説明するためにふさわしい例話や寓話が用いられるようになったのは、明治二四年一二月に文部省が「小学校修身教科用図書検定標準」を出してからである。当時の検定教科書には、中江藤樹（一六〇八〜一六四八）、蒲生氏郷（一五五六〜一五九五）、若林強斎（一六七六〜一七三二）、井伊直孝（一五九〇〜一六五九）、雨森芳洲（一六六八〜一七五五）、山内一豊の妻（一五五五〜一六一七）、高島玄俊（一八一九〜一八七九）、藤堂高虎（一五五六〜一六三〇）、松居遊見（一七七〇〜一八五五）、大野了佐（?〜?）、浅見絅斎（一六五二〜一七一一）、山本勘助（?〜?）らの逸話が登場しているが、その中で最も多く取り上げられているのが、中江藤樹である。代表的な教科書と言われていた小山左文二・古山栄三郎『修身教典高等小学用』（明治三四年）の巻二では、自信・孝行・慈愛・勇気・公益・躬行・徳化の七徳目が、「中江藤樹先生」という表題でその逸話に即して述べられている。全二五課のうち七課である。

修身教科書は、明治三七年から国定となり、以後、四回の改定が行われているが、ここに登場する近江の人物は、中江藤樹、高田善右衛門（一七九三〜一八六八）、伊勢屋吉兵衛（？〜？）、杉浦重剛（一八五五〜一九二四）の四名である。

このうち、中江藤樹は、第一次では『高等小学修身書』第二学年（明治三七）に、第二次では『尋常小学修身書』巻五（明治四四）に、「主人と召使」「徳行」の二課があり、第三次（大正一二）、第四次（昭和一四）ではそれらが統合されて「徳行」となり、国民学校用『初等科修身』三（初等科五年生用）では、「近江聖人」と改題されている。なお、第二次第三次の巻三（尋常三年生用）に、「じぶんの物と人の物」、第四次では「正直」として扱われている馬方の話も、藤樹にまつわるものである。

（附属図書館所蔵「旧教科書コレクションの紹介」⑮近江シリーズ１『滋賀大学月報』三七七号。平成二年八月一日）

Ⅱ　近江商人

明治三七年以降に使用された国定小学修身書のなかに登場する近江商人は、高田善右衛門（寛政五〜明治元年。一七九三〜一八六八）である。神崎郡北庄村（現　五個荘町）に生まれ、一七歳の時、金五両を懐に家を出、天秤棒一本を友に刻苦勉励し、巨万の富を築いた。正直と倹約を生涯の信条とし、目先を利かして巧みに商機をつかむ才能に恵まれていたと言う。

第一次尋常小学修身書第四学年用に「勤勉」の項に登場し、正直と倹約の徳にも触れられている。第二次・第三次では、「自立自営」と改題され、二課にわたり叙述も具体化されたが、第四次ではそれが一課に統合された。しかし、第五次の国民学校国民科修身教科書では姿を消している。

大正一三年発行の高等小学修身書巻一には、児童用・女性用ともに、「勤勉」の項に伊勢屋吉兵衛が登場し、昭和五年の改定に際しても継承されているので、終戦時まで教えられていたことになる。しかし、「幼名を吉松といふ。一一歳の時三人連にて近江に来り、糀商伊勢屋彦四郎の家に着きたり」とあり、編纂趣意書には「釋眞鏡著主従心得草」から取材されたことになっているが、出身地等は不明である。

なお、検定教科書時代には、『尋常小学実践修身書』巻一と『皇民修身鑑』高等科用（ともに明治二五年刊）に、松居遊見（明和七〜安政二年　一七七〇〜一八五五）が登場している。神崎郡位田村（現　五個荘町）の商家に生まれ、生糸、絹糸、麻布、繰綿等を諸国に行商し、江戸、京都に店を構え、屋号を「星久」と称した。朝に星をいただいて家を出、夜は星を踏んで帰るという、勤勉と忍耐の商売をするという意味である。その徳が説かれている。

いずれにせよ、正直・誠実、質素・倹約、勤勉・努力、自主・力行等の徳が、典型的な近江商人の像によって説かれていることに注目したい。

（附属図書館所蔵「旧教科書コレクションの紹介」⑯近江シリーズ２『滋賀大学月報』三七八号。平成二年九月一日）

㈥ 郷土に生きる

郷里の大学に三〇年あまりも勤務し、教育学を講義しているともなると、県や市町村の行政や教育の実際に関わりをもつことが、どうしても多くなってくる。学校教育と社会教育のあらゆる分野にわたって、その実践に対する指導助言を求められたり、講演を依頼される。各種の行政委員などもかなり委嘱されるし、その委員会で行う意見具申書の原案まで起草させられることも少なくない。特に最近は、青少年非行の激増と関わって、忙しさは倍増している。大学で講義や教授会のない日は、ほとんどこれらでつぶされることになってしまうのである。

大学に勤務する以上、研究と教育を放棄することは許されない。研究には、なにごとにも捉われることなく専念し得る時間を必要とする。日程表が真黒に塗り潰されるとなると、やはりこたえる。わたくしも、地域の文化と教育の向上のために尽力するのが地方大学に職を報じる者の責務であるとは十分知りながらも、大学での研究活動と地域での社会活動とを両立させることに、これまで随分悩んだし、今でも過密なスケジュールになり過ぎると、頭をかかえることも少なくない。

しかしその時、いつも思い出すのは、今は亡き母の言葉である。わたくしの母は、長年、教職に就いていたのであるが、よく言ったものである。「この村の出身の方で、教育界などでその名を馳せたひとも少なくないのですよ。しかし、村の方は、そのひとたちのことを、ほとんど知りませんでした。残念なことです。あなたは、外部でいくらか活動できるようになっても、それによって地域を棄てるようなことになってはいけません。地域で信頼されてこそ、外部活動が実ってくるのですから」と。わたくしは、これを母の遺言だと、心に言い聞かしている。

わたくしが専攻する教育哲学の分野では、いわゆる象牙の塔にこもることに陥りやすい。外国思想の受容と紹介に忙し過ぎた明治以来のアカデミズムの伝統からの脱却が、まだ完全になされていないからであろうか。わたくし自身も、正直言って、若い時はそうであった。ドイツ教育哲学の書物を、わたくし自身の生き方の問題とか日本の教育現実における悩みや疑問からというよりは、単なる理論的関心から読んでいたことは、否定できない。しかしこれでは、教育問題をいかに理路整然と論じていても、抽象的であり、現実離れし、この複雑な教育現実を解明し、その実践を動かす力とはなり得ないのである。

このようなわたくしを大きく変えてくれたのが、教育現実との関わりである。まず、学校に勤務する多くの卒業生が、研究室や自宅にやって来て、現場の悩みや問題を語り、その解明について相談する。彼らの作ったサークルに出席を求められる。それと関わって、時には授業を視てほしいということにもなる。また、知人から、青年や女性のグループに話し合いの仲間として招かれる。このようにして、助手時代から、講師や助言者としてというよりも、むしろ友人同士、学習仲間として、学校教育と社会教育の両面に身を置き入れることになったのである。

このような関わりのなかで、当然、きびしい現実からの挑戦を受ける。それに応答するために、理論書を読み、思考する。思考したことを現場に提起し、批判を求める。さらに、理論書を読み、思考する。このような理論と実践との循環的統一のなかで、次第に理論の具体的意味内容がわかって来たし、事実や現象のなかに本質を見出すことが、いくらかできてきたように思われる。ともかく「教育現実を哲学する」ことを教えられたと言ってよい。もしわたくしが実践界との関わりをもち続けていなかったならば、いわゆる講壇教育学者の域を脱することができず、いたずらな観念の遊戯に耽っていたかもしれない。

地方大学は、長い伝統をもつ旧制大学を母体とする大学に比べ、施設・設備をも含め、研究条件はきわめて劣悪である。しかしそうだからと言って、研究上の手抜きは絶対に許されるものではない。そこへ、社会的活動で時間をとられるとなると、水準を保つ研究を発表し続けていくには、相当の努力を必要とする。しかし、それを行わなければならない。このためには、地域と現状と問題に通じ、それを基盤にして理論的研究を行うことができるという、地方大学に勤務する者の強味を生かし、純アカデミズムに生きる友人には見られない、具体性のある独自な研究を志向するのも、一つの在り方ではなかろうか。研究条件からしてマイナスと見られるものを、むしろプラスに転換しているのである。

これまで、研究の面でも、社会活動の面でも、十分な仕事をなし得たとは、決して言うことはできないのであるが、若い時から実践に関わる機会を与えていただくことができために、多くの知友を得、視野を拡げると共に、現実を基盤にしながら教育学理論の研究を進め得たことに対して、感謝せざるを得ない。

（『わが人生論』（上）、文教図書出版。昭和六〇年）

㈦ 風の散歩道――心の教育、求められる宗教的情操の陶冶

今日、毎日のように尊い人命が殺傷されるという凶悪極まる事件のことが報道されている。しかしその加害者は、神戸市の連続殺傷事件や栃木県黒磯中学校の女性教師殺傷事件などに端的に見られるように、いまや少年にまで及んでいる。突然キレて、ナイフを振るう少年も、程度の差はあれ同種のものと言えよう。そして彼らは平素、表面的には「ごく普通の子」と見なされている少年なのである。これを頂点として増加し続ける青少年の非行や学級崩壊などを見聞きすると、教育学を講じる者として慚愧の思いに駆り立てられる。自省の念を込めて、これらの事件を引き起こした背景や原因を尋ね、そこから本質的な教育の在り方を究明すべき責任を痛感する。

この思いから、発刊されたばかりの『「少年A」この子を生んで…父と母　悔恨の手記』（文芸春秋社）を読んだ。と同時に、土師守『淳』（新潮社）と、山下京子『彩花へ「生きる力」をありがとう』およ

び『彩花へ、ふたたび　あなたがいてくれたら』（ともに河出書房新社）をも読んだ。つまり、加害者と被害者の双方を知ることから、いくらかなりとも真相が捉えられるのではないかと考えたのである。

ここでこれらの手記を教育学的に考察するいとまはない。しかし、A少年が両親、とりわけ母親の愛情に飢えていたのではないか、朝な夕なの家庭生活の中で我が子の何気ない仕種や表情からその内奥にひしめくものが捉えられていたのか、A少年には自分の悩みや苦しみを語り合い相談できる恩師や先輩、友人がいなかったのか、という疑問を抱かされたことだけは言っておきたい。なお、親が我が子の更生を念じるのは当然であるとしても、被害者とその家族の心中を真に思いやる心がこの親の手記からはほとんど読み取ることができなかったのは、わたくしだけであろうか。しかしこのような家庭は、今日、A少年が育った家庭だけではなさそうである。

被害者の親の手記からは、愛児を突如残酷な仕方で失った親の気持ちがひしひしと感じ取られ、あふれ出る涙の中で衷心より哀悼の誠を捧げながら、その悲しみや憎しみ、憤りから脱却しようと努力されている姿に深く感動した。とりわけ土師さんの手記からは、被害者の人権を擁護し立ち直りを支援することの重要性や少年法の問題性について示唆された。また、山下さんが悲嘆と絶望の中に愛児の「永遠なる生命」を感得し、そこからたどりついた「生と死」の哲学を基に、希望と勇気をもって前向きに生きようとされているばかりか、A少年の再生をも念じられている姿から、わたくし自身大きく教えられた。絶望に陥った山下一家を支え続けられた友人や地域の人たちの存在も見逃してはならない。それにしても、被害者の気持ちを重んじた警察の対応とは逆に、それを顧みようとしないマスコミの取材合戦はどうしたものだろうか。

以上だけからも、今日の困難で複雑な青少年問題を生じさせている大きな原因の一つが心の育ちの貧しさにあるし、また、逆境にある者に「生きる力」を喚起するのが自己の内なる「心の豊かさ」であることが理解される。

このことに鑑み、わたくしは今、後ろに奥比叡の霊峰を仰ぎ、前には母なる琵琶湖を臨みながら、家庭・学校・地域社会が一体となって「生命に対する畏敬の念」に基づいた「心の教育」を進めるための在り方を求め続けている。この基盤となるのは、やはり「宗教的情操の陶冶」でなければならないのである。

（『京都新聞』平成一一年四月二八日）

㈧新しいふるさとの創造

国際化の波は、滔々とわたくしたちの滋賀県にも押し寄せている。自然と歴史的文化を誇る湖国を訪れる外国人は年々増加しているし、産業・学術・文化・スポーツなどに関わるさまざまな国際的イベントも、多く開催されていくことであろう。特に、環境問題に対する県民の取り組みが世界的に注目されているだけに、この面での期待は大きい。他方、海外に赴く県民もいよいよ多くなり、今後は世界を活躍の檜舞台とする滋賀県出身者も激増することであろう。

そうでなくても、今日においてさえ、国際社会との関わりなしには毎日の生活は考えられない。この傾向はますます進行することであろう。このなかで、世界の諸民族・諸国家についての理解を深め、広い国際的な感覚と視野をもって生きることが、これからのわたくしたちにとって肝要となる。しかしこれがなされ得るためには、同時に自己が拠って立つ基盤にしかと根づいていなければならない。

この基盤なしには人間は根なし草となり、いたずらに浮動するばかりであって、主体的な判断や行為はなされないからである。この意味において、国際性に開かれた国民性・郷土性をもつことが望まれる。そうして、郷土から世界を眺め、また世界から郷土を見つめることが大切なのである。

複雑な国際社会であるからこそ、かえって「肉体的にもたましい的にも自己自身と緊密に結びついた生活の中心ないし基盤」としての「心の故郷」をわたくしたちは必要とする。もとよりそれは単に生まれ故郷を意味しないし、かつての「おらが国さ」的共同体への復帰を求めるものではない。都市部であろうが農山村部であろうが、生まれ育ったところであろうが、新しく住み着いたところであろうが、人びとが連帯感で結ばれ、相互的な援助と共同活動を行いながらも、そこでは個々人の基本的視線県が尊重されるべく、個人的・私的契機と集団的・公的契機との緊張的・離接的統一が図られている生活共同体、しかも、そこを基盤としながらもより大きな社会、究極的には人類社会に開かれた生活共同体。このような新しい、真実の故郷の創造こそ、これからのわたくしたちの中心課題とならなければならない。

もとより、このような生活共同体は、行政当局によって上から作られるものではないし、郷土愛も棚からぼた餅のように与えられるものではない。それは、地域住民の自主的・自発的な取り組みのなかでおのずと作り上げられ、育っていくものであろう。特に急激な都市化のなかで地域連帯意識と郷土感情の希薄化が生じがちな滋賀県にとって、このことが肝要なのである。

学校教育も郷土を基盤とした経営に努め、郷土の教材化をより積極的に行うべきであるし、社会教育にあっても、公民館などをいわゆる草の根活動の拠点として整備、充実し、その活性化を図らなければならないのである。

（滋賀県新世紀委員会『湖国の二一世紀に向けて—一〇〇人の提言』昭和六三年二月）

〔参照〕拙著『これからの社会教育』第五章　生涯学習と新しいふるさとの創造。東信堂、平成六年。

〔付1〕郷土の教材化を考える

今日の子どもは、抽象的な知識や観念を多くはもっているが、それが情意に支えられ、具体的意味内容を伴ったものとして身につけられていない。それは特に社会科学習についても言えるのであり、子どもはさまざまな社会的事項の暗記に忙しい。これでは社会的事象を自己とのかかわりにおいて捉え、正しく判断できる力を育てることはもとより子どもを社会科嫌いに追いやってしまうのである。

この傾向を打破するための一方途として、郷土の教育的意義を再認し、その教材化に努めるべきではなかろうか。郷土は子どもたちにとって、日々接し、そこで感じ、考え、行動している場である。そしてそこには、基本的・基礎的事項がなんらかの形で作用している筈である。教師が指導されるべき基本的・基礎的事項を精選し、それを郷土社会に還元し、そこからの学習を展開していくならば、子どもは社会科を身近なものとして捉え、基本的・基礎的事項をも情意を基盤とし、学習の仕方をも含め習得していくことができる筈である。事実、小学校中学年においてなされる地域学習において、観察からなされる絵地図の作成に始まる地図指導などが十分になされていないと、その後の社会科学習に大きな障害になることは、多くの教師が語るところである。

もとより、郷土の教材化は郷土の理解のためにのみなされるものではない。郷土社会から一般的・客観的世界への発展が肝要なのである。したがって、郷土学習は中学年次だけでなく、郷土教材からの展開として、全学年を通じて講じられ得るであろう。

（『東研情報　社会』東京教育研究所・東京書籍株式会社　No.16。昭和六〇年一月）

〔付2〕感情的反応に培う

「ある朝アンリーはいつもの通り、……はだしで家のまわりをかけずりまわっていた。空からは光が眩しく降っていた。ふと幼い精神はいぶかった。どうして光があるのが解るのか。アンリーはそれが口のためか眼のためか、それが解りたいのだ。幼童は光に向かって口を大きく開いて試した。彼は眼を閉ざしてみた。輝く光は消えた。今度は口を閉ざして眼を開いた。地を暖め万物をはぐくむ栄光は再び見えるようになった。同じことを何度か繰り返してみた。いつも同じ結果だった。幼い精神は一つの確信に達した。

――わかった。わが村童はそう感じた。彼は恵みの光のあるなしかが彼に解るのは口によってではなく、眼によるのであることを適切に知ったのだ」（山田吉彦『ファーブル記』岩波新書）。

幼いときから自然が唯一の友であったファーブルは、そこでの何気ない現象にも疑問をもち、解決に至るまで努力を続けていったのであるが、このようなことは、ファーブルだけでなく、大科学者の伝記から共通に認められるものと言ってよい。自然に対する親しみと愛情、さらには畏敬の念、自然との対話、そこから沸き起こる素朴な驚きや疑問。スタンレー・ホールはそれを「感情的反応」と呼び、理科教育のもっとも重要な基礎としているのは、きわめて正しい。

今日の子どもは自然とは疎遠であり、遊びも労働も少ない。体験から生じた驚きや疑問もなしに、抽象的な概念や法則の暗記に忙し過ぎるように思われる。特に小学校低学年の理科教科書をひもとくと、その内容のほとんどが、わたくしたちの子ども時代には、大自然のなかでの遊びや家庭でのお手伝いのなかで体得したものと考えられる。その基盤の上に学校の授業がなされていたのである。感情的反応に培う理科教育の本質的なあり方が求められるべきではなかろうか。

（『初等理科教育』初教出版。昭和六〇年八月）

〔付3〕今こそ地域で子育てを！　自然を友に、そして社会参加へ

わたくしたちの子供時代には、近所の友だちと一緒に山野を駆け巡り、自然のうちに健康力を育てられました。また、大自然のもつ素晴らしさや不思議さに気づき、路傍に咲く草花や空飛ぶ虫からも生命の尊さを感得したものでした。また、地域の行事等に参加する中で、社会性をも育てられました。そして、これらが学校で学ぶことの基盤となっていたのです。このような人間形成の基盤となるものを、地域全体で子供たちに育てたいものです。古老たちから地域の歴史や伝統について語られたり、素朴な材料から作り上げることの楽しさを教えられればと思います。地域の子供たちを、何としても地域全体で守り育てていこうではありませんか。

（『広報おおつ』第一〇五〇号。平成一七年二月一日）

二　教育現実を哲学する

(一)　現代教育学の苦悩

科学技術の急激な進歩とともにもたらされてきた現代の文化や社会生活の急激な変化は外面的生活における便利さ・快適さ・華やかさを増大し、人類の幸福を可能な限り実現していこうとするのであるが、反面、人間の機械化、人間性の喪失、人間の自己疎外など、その内面的・精神的生活を荒廃させてしまっている。それに加えて、最近では特に、環境汚染・公害・資源枯渇・人口問題・食糧危機・核戦争など、全地球的規模での人類破滅の可能性に関わる難問が大きく取り上げられている。かのローマ・クラブ・レポート『成長の限界』（一九七二年）は「世界環境の量的限界と行き過ぎた成長による悲劇的な結末を認識する」ことの必要性を、詳細なデーターに基づいて訴えているが、これを読む者はだれしも人類の危機がきわめて多様な仕方でわれわれに迫っていることに驚かざるを得ないのである。

二〇世紀は人類の生存か死滅かということが深刻に問われている今日、現代の教育学はこの挑戦に応答し、全人類の幸福を築き上げるための教育の在り方を探究していかなければならないのである。

かつて実践哲学の一部門と見なされ、いわゆる「哲学的教育学」の域を脱することができなかった教育学は、いまや、関連諸科学との関わりのなかで分化され、専門化され、多様な拡がりを示しているし、社会的・思想的条件と教育現実との変化によって、教育思想もきわめて多様化の傾向を強めている。このような傾向のなかで、前述の挑戦に応答し得る手がかりもなされつつあると言い得よう。これからの教育学は、他の諸科学との対話と共同をより強めていかなければならないし、それとの関わりのなかで専門化と細分化もより進行していくことであろう。

しかし、教育学の他領域科学との接触は、うっかりすると教育学の独自的性格を見忘れさせ、その専門化・細分化が視野を矮小化させ、教育学としての共通な基盤と広い展望を失わせることになりやすい。それだけに、教育諸科学内部でのより緊密な連携を図り、それらを共通な基盤と教育に固有な論理を所持していなければならない。このためには、自己の専門的立場から全体を展望し把握し得る能力、つまり、シュプランガーのいわゆる「総譜（スコア）」を読み取ることのできる能力が、われわれに肝要となってくる。そうして、どのような問題を、どのような立場や方法によって考究するとしても、つねに「教育とは何か」という問いから出発し、最後に再びそれに帰ってくる態度が大事なのである。その際、取り組むべき問題状況はすこぶる複雑であっても、それを解決するためには「真理はつねに単純素朴である」ということが確認されるのではないかと考えるのである。

わたくしの友人であるドイツ・ハンブルク大学シュライヒャー教授（K.Schleicher）は、現代の環境的・文化的危機に真っ向から対決し、哲学、社会学、心理学はもとより、生態学、カタストロフィー理論などの新しい諸科学の成果を取り入れながら、二一世紀への教育の在り方を精力的に探究しているのであるが、その教育学的帰結をペスタロッチーに見出していることは、われわれにとって示唆するところが多いように思われる。

（『ＭＩＮＥＲＶＡ新刊・重版ニュース』1。昭和五四年一月）

㈡ 研究拝聴　大切な〝心〟の教育――宗教の裏付けなしに出来ぬ

京都女子学園広報課

政治への無関心がドイツの悲劇生む

――ことし、私たちの国は戦後半世紀を迎えました。先生の学生生活は、戦争の最中から戦後の混乱期にあたります。研究の対象が枢軸国の仲間だったドイツの教育哲学ですが、第二次大戦中のご体験と、やはり深い関係があるのでしょうか。

村田　私ははじめ、恩師の紹介でパウルゼン（Fr.Paulsen, 1846～1908）の『哲学入門』『倫理学体系』『教育学』『教育学論文集』などを読みました。しかしやがてドイツが半世紀の間に二度も戦争を起こして、二度とも苦杯をなめる祖国の悲劇的な現実の中でいま、教育学者はいったい、何を考えているのか。何を反省し、何を誇りにしているのか、このことが、私たちの国にとって示唆することが多いのではなかろうかということから、時代の直面する問題に泥まみれになりながら格闘した代表的教育学者であるシュプランガー（E.Spranger, 1882～1963）にひかれていきました。彼に強い影響を与えたペスタロッチー（J.H.Pestalozzi, 1746～1827）の思想も学びました。たしかに戦中・戦後とのかかわりの中から、西ドイツ教育学の研究が始まりました。

――ドイツが戦争に突入して行った原因について。

村田　粗っぽい言い方ですが、政治に携わったり、社会活動に力を入れるのは、教養の敵である、というような考えがドイツの知識人の底に流れていた。教養を深め、自己を芸術作品のように仕上げることに専念し、政治には無関心。このような現実に無縁な知識に沈潜していたインテリ層が多かったことが、ドイツを悲劇に陥れた大きな原因であると、シュプランガーは言うのです。現実に根ざした全人教育の大切さが痛感されます。

地獄のヒロシマからの〝教訓〟とは

——人類が初めて、核爆弾を攻撃に使ったヒロシマとナガサキの悲劇。被爆直後の惨状を体験されて、あれから半世紀たったわが国の現状について、どんな感想を抱かれますか。

村田　広島高師の時でした。市内から離れた東洋工業へ動員されて、空腹と疲労に耐えながら、小銃づくりにあたっていました。あすは学校へ打合せに出かけることが決まった直後、教授から呉市の近くにある横穴工場を下見に行くよう命じられました。やがてそこへ空襲を避けて疎開する予定だったのです。出発後しばらくして、列車は急停車。広島方向の青空にキノコ雲が上がっていくのを目撃したのです。帰任した時には、市内から全身に大火傷を負った被爆者たちが続々と工場へ避難してきました。水を求めながら息をひきとる人たち。まさに生き地獄でした。

一緒に市内に救援に向かった仲間の中には、後年、原爆症で亡くなった者もいます。それだけに世界平和を願う気持ちは強いのですが、平和運動がとかく政争の具とされていることが残念でなりません。

学位論文である『国家と教育』のまえがきに述べていますように、今日には客観性や普遍性を媒介しない単なる個人性がはびこり、個人の自由を生かすために当然、負わなければならない義務に従うことすら、誤りであるかのようにさえ考えられている。知識による教育が偏重され、情意に訴え、行為や実践によって培われる訓育の面が軽視されている。これから脱却し、「真に中正な立場から」「普遍性であると同時に特殊的な」「世界的であると同時に国民的な」教育の方向が探究されなくてはならないと考えたのです。

――そういった考えが先生の教育哲学や道徳教育論、あるいは社会教育活動の原点になっているのですね。

村田　私の論考には、現代の精神的状況から教育課題を導くものが多いのですが、教育活動は時代や社会の流れから孤立してなされるものではなく、その影響やかかわりの中でなされ、よりよい未来の形成に資さなければならないと考えるからです。当然、広島文理科大学学長であった恩師の長田新先生はいつも「教育学は文明批判から出発しなければならぬ」と言っておられました。

――現代の文明とは

環境問題など地球規模の難問に対処

村田　二一世紀は、人類の死滅か生存か、が問われています。人口問題、環境問題、公害、資源の枯渇、食糧危機、民族的・宗教的紛争など、地球的規模の難問に対して、日本はいかに処すべきか。これからの教育はそれに、いかに応えるべきなのか。この危機的状況を解決するために、私は万人のうちにまどろんでいる人間性の萌芽、まだまだ開発されていない人間の潜在能力を信じ、それを自覚し、高貴化すること、つまり生涯教育を強調したいのです。もちろん、時代や社会の要請に応えることが、その流れへの単なる順応であってはならず、あくまで本質的な立場から、時にはその流れをせき止め、押し戻しながら、常に的確な方向を見出すことが必要なのですが。

――先生の活動はご趣味としての音楽活動から、生涯教育の推進、青少年問題との取り組み、さらには国際社会への対応など、実に広範であってまさに全人格として「教育」に取り組んでおられます。とても短いインタビューでは全容を伝えきれないからあとは授業で聴いてもらうことにしますが（笑い）、おしまいに最近、著わされた『畏敬の念の指導――こころ・いのち・体験』（一九九四、明治図書）について、その意味をお話しください。

村田　日本の社会の混乱をみますと、青少年非行の増大、いじめや自殺、殺人、人権蹂躙、環境破壊、さらに物を粗末に扱うことなど、すべてが心の荒廃に起因しています。心の教育の充実を図らなければなりませんが、その心とは何かを考えますと、「いのち」の根源にまで溯り、「生命に対する畏敬の念」に辿り着きます。これを基にした心の教育を行おうとしたら、体験に根ざすことが必要である。このように考えたのです。

「生命に対する畏敬」を世界で最初に唱えたのは、たしかにシュヴァイツァー（A.Schweizer. 1875～1965）であるかもしれませんが、しかし、これこそは「一切衆生悉有仏性《いっさいしゅじょうしつうぶっしょう》」「山川草木悉皆成仏《さんせんそうもくしっかいじょうぶつ》」とする大乗仏教に基づく日本古来の心であると考えます。「いのち」から出発しなかったならば、心の荒廃に対する真の解決はあり得ないし、最後にはどうしても「宗教」の問題に帰着します、教育愛なしには一切の教育活動は成立しませんが、この教育愛も宗教心の裏付けなしには本物になり得ないでしょう。慈悲の心が大切なのです。

〈村田先生は、シュプランガー研究の大一人者であるが、とくに指摘されるのは、教育現実を哲学する学究であると同時に、教育の実践家でもあるということだ。ご自身が中心となって創設したアマチュア管弦楽団を指揮して、ベートーヴェンやブラームスの交響楽を演奏する。地域の青年と夜を徹して生の問題を語り合う。学校を訪問して、先生方と教育の実際について考え合う。滋賀県青少年育成県民会議会長として、青少年育成や非行防止、環境浄化の運動の先頭に立つ。世界の国々を回って、二一世紀の地球の直面する問題を研究のテーマとする。常に理論と実践との循環的統一が志向されている。道徳教育の原点について「まず小さいときから自然に親しみ、生きとし生けるものに対して思いやりの心を。大自然の偉大さや神秘さに気づき、人間の力を超えたものに対して敬虔な心を。先祖と両親を尊敬し神仏に対して畏敬の念を。そうして感謝と合掌の日常生活を」と呼びかけている。先生の学問の根底に流れる思想の向こうに、〝兎追いしかの山、小鮒釣りしかの川〟、の牧歌的な風景が浮かぶ〉

（『東山タイムス』京都女子学園。復刊九号（通算二八九号）。平成七年三月二五日）

㈢ 教育学における古典研究の意義

二一世紀は、いったい、いずこに向かおうとしているのか。今日、一つの時代の終わりにおける苦悩とも言うべき難問が、全地球的規模にわたって渦巻いている。その解決の目途はまだ立っていないばかりか、かえって混迷の度を増していると言わなければならない。

われわれの教育哲学は、この状況から発せられる至難な「挑戦」に対して雄々しく「応答」しなければならないのであるが、それはいかにしてなされ得るのか。そうでなくても、今日の教育が方法技術主義に陥り、しかもそれが流行に走り、本質から考えられようとしないのは、「教育現実を哲学する」ことが等閑になっていることと無関係ではなかろう。それでは、教育現実を哲学するためには、何が必要であろうか。

①　水底の流れを捉える

今日の世界の動きは極めて早く、激しく、複雑である。われわれはこの動きを鋭く捉え、確かな情報を基に的確に判断し、その変化に主体的に対応していかなければならない。このためには旧套を墨守することなく、たえず新鮮な感覚によって問題を捉え、解決の道を創造的に開拓していくことが大切となる。

とはいえ、急速で複雑な変化の全体を捉えることは、極めて至難である。ともするとわれわれは、表面的、一面的なもののみに眼を注ぎ、その動きに遅れてはならずと、新しいものへの追求に忙しくなりがちである。このため本質を見失い、気が付いた時にはあらぬ方向に進んでいたり、激動の中に浮動するに過ぎないことになる。

かつてトインビー（A.Toynbee, 1889～1975）は、その論文集『試練に立つ文明』（一九四八年、深瀬基寛訳、社会思想研究会、一九五二年）のなかで、歴史の流れにはいわば水面の流れと水底の流れがあり、歴史の流れを究極において左右するのは、実に目立たない水底の流れであるとし、特に精神的創造は「われわれの好きな時に口笛を吹けば呼び寄せることのできるような簡単なものではなく、海底の潮の流れに固有な、かの悠々たる潮の足取りでしかやってこないもの」であると言っている。もとよりわれわれは、この水面の流れに無関心であることは許されないが、そうだと言って、その派手に流れる水面の流れにばかり眼を奪われてしまってはならないのであり、むしろ地味に、悠々と流れる水底の流れに対して冷静に眼を向けることが肝要であろう。

②教育における古典的なもの

それでは教育学研究において、水底の流れに眼を向けるためにはどうすればよいのか。これについて、シュプランガー（E.Spranger, 1882～1963）が第一次大戦後の混乱の続く時代に発表した論文「世代と教育における古典的なものの意義」（Die Generationen und die Bedeutung des Klassischen in der Erziehung.1924.）は、示唆するところ大きい。彼によれば、今日、「学校改革」が叫ばれ、繰り返し繰り返し新しいものが、その新しいものの後にさらに新しいものが求められ、ひとはあらゆる犠牲を払ってでも、モダンであろうとしている。しかし、今日の新しいものは明後日にはすでに古臭くならざるを得ないのであり、そこにひそかに不安の念がある。このことが却ってわれわれを苦しめ、落ち着きのないものに陥れている。そうして、教育学の領域にも「倫理的意識の一般的な相対化と無定見さ」が生じ、それはまるで「基盤のないような基盤の上に、浮動する孤島の上に座している」ようなものであり、とても教育に対する責任を引き受ける状態にはない。そこで「確固として安らう確信」を求めることが肝要であり、このためには「古典的なもの」から「模範的なもの」（Vorbildliche）と「基準的なもの」（Massgebliche）を読み取ることが大切となってくる。

彼にとって「古典的なもの」とは、広義には「その単純な構造によって、その卓越した価値内実によって、その直観的・具象的な形式によって有効であり、そこから出発した精神的・歴史的な生の流れのなかで永続的な典型として作用している精神的人類性の表現」である。もとよりこの人類性は単に考え出されたものでなく、特殊な歴史的・地理的諸状況の下で体験され、戦い抜かれたものであり、彼は「このような人類性が特殊な状況の下でかつて花咲くに至り得たということによって、また、われわれが歩んでいるのと同じこの地上で歩まれたということによって、自らの存在可能性が証明している。実現可能であるというこの行為的証明が、陶冶的な持続的効果という点で決定的な意義をもっている。というのは、生が点火されやすいのは、抽象的な要求によってではなく、むしろ地上に生きた典型、理想的な実存、具象的にレリーフによってだからである」と言うのである。この意味において、「一切の古典的なものとは、生の個人的な条件の下で、しかし生の普遍的な法則に従って戦い取られた人類性の形成であり、個人的なものと一般的なもの、直観的存在と支配する方法、この両者が入り交じったものである」。そうして、古典的なものとしての条件となるのは、単純性（Simplizität）と理想性（Idealität）と総体性（Totalität）が存していることなのである。

ここはシュプランガーについて論ずる場ではない。ただ、彼が激動の時代のなかでいわゆる「水底の流れ」に眼を向けるために、「古典的なものへの信仰なしには、教育は存在しない」とし、古典のなかに生き続いている「永遠に新しいもの」を時間性・空間性という外皮を剥いで捉え、現代に新たな意味付けにおいて蘇らせることの必要性を強調していることを指摘したい。これはリット（T.Litt, 1880～1962）にあっても同じであり、彼は「水底の流れを超えたもの、時間を超えて悠久の生命をもち、価値あるものを認める」とか「時代の作品である作品の中に永遠の内容を明らかにする」と言っている（Führen oder Wachsenlassen.5.Aufl.1952.）。

③温故知新

シュプランガーはドイツ的精神に大きく影響し続けているものとして、古典的古代、キリスト教主義、ドイツ古典主義の三つを挙げるのであるが、彼はそのなかで特にキリスト教の形態に結びつく宗教的古典主義、此岸における美しい生形成の理想、つまり人間性（Humanität）としての理想的古典主義、プロイセン的な義務と自由との統一を求める政治的古典主義を重視し、そこから彼の思想形成を行ったのである。ちなみに、このドイツ古典主義の態度はその師パウルゼン（F.Paulsen, 1846～1908）の影響にもよるのであろう。パウルゼンはあの不朽の名著『学者教授の歴史』（Geschichte des gelehrten Unterrichts.2Bde.1885.）において、「最近の四世紀にわたる全文化運動は、自律的な近代文化の古典文化からの精神的解放である」として、その歴史的傾向を指摘し、当時の古典語古代の絶対主義的支配を批判して、「近代国民の固有生活の所産」としての近代的・ドイツ語的古典を重視すべきことを強調した。これは、古典的なものとは何かについて考える場合に示唆に富むものであろう。

ともあれ、シュプランガーが行ったドイツ古典主義時代における偉大な思想家、すなわち、フンボルト、ゲーテ、シラー、ヘルダー、フリードリヒ大帝、ペスタロッチー、フレーベルらに関する諸研究は、彼の精神性の非凡な広さと思想の豊かさを立証しながら、今なお、それぞれの分野において最高峰を誇るものであろう。しかし彼は、古典の単なる解釈者ではなかった。彼はそこに思想的基盤を置きながら常に現実に鋭い眼を向け、そこに存する諸問題を本質的に究明し、的確な方向付けを行っている。彼がその思想的、人格的親近性から「現代のフンボルト」とさえ称せられながらも、すでにあの出世作『ヴィルヘルム・フォン・フンボルトと人間性の理念』(Wilhelm von Humboldt und die Humanitätsidee.1910.) において、その思想があまりにも審美的、貴族的、非現実的であって、経済的、国家的、政治的な要因に欠けているために、そのままでは生きるものとはなり得ないと批判し、新しい人間性の理念を提示していることをも見逃してはならない。いわば古典から「現代に対する過去の抗議」を受けると同時に、「過去に対する現代の抗議」をも行い、未来への方向を求めているのである。

シュプランガーの人物研究を繙く時、その人物と思想を、時代や社会、文化との関係において全体的に考察し、そこから現代に生きるもの、生かされるべきものを探り出している。例えば『ペスタロッチーの思考形式』(Pestalozzis Denkformen.1947.2.stark erweiterte Aufl.1959.) は、ペスタロッチーの教育思想の全体を端的に知ることのできる名著と言える。その記述は公正である。しかしそれは単なる古典研究ではなく、そこから現代に生きるペスタロッチー、生かされるべきペスタロッチーが見事に浮き彫りにされており、この書からペスタロッチーの読み方や現代教育の在り方についても教えられるのである。

ボルノー (O.F.Bollnow. 1903~1991) も、「シュプランガーは、ドイツ古典主義とドイツ理想主義という、昔の破れざる伝統のなかに基礎を据え、その伝統を通じて全人類的なものに培われた。しかし、国の瓦解を経過して新しい世界のなかで活動し、断固としてその世界の課題に身を置き、伝統の無時間的に妥当するものをその世界のなかに新たに確立しようとした」と言っているが (Gedenkerede.In

:Universitas.Jg.18.1963.）、このシュプランガーの研究態度は、われわれに大きな示唆を与えてくれるように思われる。

④ 教育哲学研究に対して

昔から政治と教育については、なんぴとも意見を述べると言われている。まして、教育の時代とまで言われる今日にあっては、教育に対する発言は各界から多種多様になされている。そうして、教育学など一度も学んだことのない人からも、貴重な示唆を受けることも否めない。特に哲学者が自分の哲学的体系からなされた教育に対する発言は、それが体系的、論理的であるだけに、学ぶ点が多く、これまでもその研究が多くなされてきた。しかし、哲学者による教育学的発言を研究することが、そのまま直ちに教育哲学の研究となり得るのだろうか。それはいわゆる「哲学的教育学」ではあっても、「教育哲学」とは必ずしも言いきれない。教育哲学は「応用哲学」であってはならないし、それからの脱皮を図ることが大切となる。

私の恩師である長田新博士（一八八七〜一九六一）が、ナトルプ（P.Natorp. 1854〜1924）の教育学をその批判哲学だけから捉えるのは間違っていると言われたことを思い出す。ナトルプの教育学は、単に新カント学派としての彼の批判哲学から演繹されたものではない。教育学の難しさを痛感した彼は、ペスタロッチーを「教育学の天才」と称し、その研究に努め、そこから自らの教育学を樹立していった。たとえ彼のペスタロッチー研究が批判哲学からの意味付けや体系化であったとしても、それなしにはナトルプの教育は考えられないことに注目しなければならない。教育哲学の独自的性格や方法を求めていくことが肝要なのである。

教育哲学を専攻する者は、新旧の哲学者、心理学者、社会学者等の教育理論から学ぶことにやぶさかであってはならないが、しかしそれらを教育学に固有な論理によって吟味し、評価し、批判し、取捨選択しながら、教育哲学そのものとして構築していくことが必要である。このためにしかとした足場をもつことが大切であり、それは教育学の古典から学ぶしかなかろう。

近代哲学を学ぶためには、カントやヘーゲルを通ることが必要とされている。私がドイツ留学時代に接した音楽家たちは、たとえそれを自分のレパートリーとしていなくても、バッハとベートーヴェンはどうしても通らなければならないと言っていた。ジャズやロックの名手にしても、かつてバッハを踏まえたかどうかが問われている。わたくしたち教育哲学者にあっても、それを終生専攻し続けるかどうかは別としても、研究の基礎・基本として一度はくぐるべき関門が必要なのではなかろうか。

それでは教育哲学の関門としての古典とは何か。シュプランガーにあっては、フンボルトやゲーテから多くの影響を受けながらも、教育思想に対しては、特にペスタロッチーとフレーベルから学びとり、それを全思想体系のなかに位置付けたと思われる。

もちろん、これをそのまま我が国の教育哲学研究に結び付けることはできない。日本の教育は、神道等の古来の思念、仏教、儒教、西洋思想から多くの影響を受けながら発展して来た。このような教育的伝統を考えながら、日本教育を支え、方向付ける古典的なものとは何かについて、探し求めていくことが大切となる。先に古典から「確固として安らう確信」を求めると言ったのであるが、しかし、この確信がすでに確立されたとした時には、それは停滞でしかなかろう。シュプランガーの言う「にもかかわらず」（dennoch）の精神こそ肝要なのであり、それは永遠に求め続けていくなかで自ずと定まっていくものであろう。これと同様に、日本の教育哲学を樹立していくための古典とは何かについても、それを探り続けていくなかで定着されてくるのであろう。このような探求の態度こそわたくしたちがもつべきものであると考える。

ちなみにわたくしは、前任の大学を停年退官した際に、三つの記念講演を行う機会を与えられたのであるが、そのテーマは、「最澄と現代」「ペスタロッチーと現代」「シュプランガーと現代」とした。それは、これまでのわたくしの拙い教育学研究に対して、一応のまとめをしておきたいという思いからであった。そうして、この三人の思想は、成立した時代も国も異なりながら、その根底には共通な「川底の流れ」と教育の論理が存することを、わたくしなりに見出すことができたように思われたのである。

（『教育哲学研究』教育哲学会、六三号。平成六年五月）

㈣　教育哲学を考える

わたくしは編著『教育哲学』（東信堂、昭和五八年刊）において、教育理論形成の根拠を尋ね、そこに教育学と哲学との深い必然的関係を見出し、最初は一定の哲学理論から演繹され、一種の応用哲学の域から脱し得なかったいわゆる「哲学的教育学」が、その発展のなかで自律的な学としての教育学を志向し、「教育哲学」へと脱皮していく過程を明らかにしながら、教育哲学の課題と性格を探っている。そうして、教育哲学の課題は「教育現実を哲学する」ことにあるとし、その性格として、⑴全体的・統一的把握、⑵根源への問い、⑶存在と価値との統一　の三点を挙げた。

これは第三五回教育哲学大会（平成五年、於愛媛大学）の研究討議「教育哲学を問う――教育哲学における古典研究の意味」においては、発表者として、前述の見解を継承しながら、「教育現実を哲学する」ためには何が必要なのかを問い、そこから古典研究の意義を見出した（参照、前掲論文）。

これらを踏まえながら、特にこれから教育哲学研究を志す若い学徒の皆さんに、ご参考にして頂きたいことを述べることにする。

一

「教育現実を哲学する」ためには、まず、哲学することを学ばなければならない。わたくしたちがある一人の教育思想家を求め、その思想について研究するのは、そのためであると言ってよい。もとよりこの場合、その人物の思想を時代や社会・文化との関わりのなかで全体的に捉え、虚心に追思考していくことが大切である。そこからその思想の再構成が自分なりに行われる。みずからが「現実との生きたつながり」をもち、つねに問題意識を抱いているならば、そこから現実に生きるもの、生かされなければならないものが見えてくるし、歴史的評価もなされ、可能性と限界も明らかになってくる。やがて自己の立場設定もなされていくのである。

それだけに、自分の研究する思想は、世界教育史という大きな山脈の中でそれぞれの頂点にあり、長い時代や広い世界からの吟味や批判に耐え抜き、今日まで影響を及ぼし続けている人物から選びたい。富士山の頂上からでなかったならば、全体や本質は展望され得ない。中腹にあるものでは、自分もそこにまでしか至らないし、満足もできず、飽きも早いだろう。ともあれ一人の大思想家に私淑し、それこそ馬鹿になった心算で読み続け、考え続けることが大切である。難解な主著でも「読書百遍、意自ずから通ず」ということがあり得るし、読めば読む程、新たな発見もなされていく。たとえ短文の論考であっても、主題に対して大きな示唆を与えられることも少なくない。偉大な思想家であればある程、それをマスターするには困難も伴うし、時間もかかる、「継続こそ力である」とは、ここでも妥当する。たかだか数年の研究でマスターしたような気持ちになり、安易に結論付けたり、批判することは、とうてい許されないのである。

もちろん、一人の大思想家に私淑するということは、それ以外の書物は読まないということではない。広い基盤に支えられてこそ、高所に到達することができる。とは言っても、多くを読むことによって、思想が四散してはならない。まず、自分が私淑する人物の主著に引用されている文献のうち重要なものは、可能な限り原文に当たり、全文を読んでいきたい。このことによって、その人物の思想の理解も深まってくる。さらに、たとえ一つの命題が見出されたとしても、それに満足することなく吟味し続けるならば、立場の異なる思想家の書物を読まなければならないことになる。ともあれ、いかなる書物を読むとしても、つねに自分が私淑する人物の思想を基盤として読み、再びそれに還っていくことが大切である。このことによって、自己に統一されていく。

二

僭越であることを承知の上で言えば、これまでわたくしたちは、「教育現実を哲学する」ことを怠ってはいなかっただろうか。これがなされ得るためには、一人の思想の全体を深く追思考し、再構成するなかで自己の思想形成を行っていくことが大切なのであるが、このことがとかく研究ではないという風潮さえ一時はあり、安易に批判したり、結論めいたことを導くことに忙し過ぎたこともあったのではなかろうか。思想研究が自分の問題意識からというよりは、むしろ単なる理論的関心のみからなされたり、また、次々と新しい欧米教育思想の紹介に目を向け過ぎていたきらいもあったかもしれない。ともかく新しさや独創性が求められ過ぎたのである。

わたくしたちの若い頃には、A教授は○○の研究家、B教授は××の研究家であることが明白であり、現実問題に対しても、それぞれの立場からの発言をなされていた。ところが一時、学会発表等で取り上げられる思想家が毎年のように変わっており、その人の中心研究がどこにあるのかがわからないことも、多々ありはしなかったろうか。しかし、最近の教育哲学会で行われる若い人たちの研究発表には、わたくしが述べてきたような真摯で継続的な研究が蘇って来たように感じられ、嬉しく思っている。この傾向を支援するために、あえて愚言を呈させて頂いた。

(『教育哲学研究』教育哲学会　六三号。平成六年。)

〔参照〕拙編著『教育哲学』第一章　教育哲学の課題。東信堂、昭和五八年。

拙稿「シュプランガー教育学の今日的意義について――道徳教育の問題」(『京都女子大学大学院文学研究科教育学専攻博士課程完成記念論文集』京都女子大学、平成一二年。)

(五)恩師への感謝

(1)私の人生を決めた決定的出会い——長田新先生

出会いとは、ある時、突如として、ある人物や書物ないしは芸術作品に触れることによって、自己の内心から揺り動かされ、新たな眼を開かれ、これまでの生からの根本的な展開を促されることを意味している。もとより、この出会いが生じ得るためには、自己のうちになんらかの内的動機となるものがまどろんでいることが必要であろう。それなしには、出会いを生じるせっかくの機会をも逸してしまうと考えられるからである。この出会いは一度限りの場合もあろうし、それがきっかけとなって長く師事し続けることもあろう。しかし、いずれにせよ、それがその後の人生にとって大きな意義をもつこととなる。

私のこれまでの人生のなかでも数々の出会いがあり、そこから多くのことを学ぶことができた。しかし、「私の人生を決めた決定的出会い」といえるのは、やはり、恩師である元広島文理科大学学長の長田新博士との出会いである。

昭和二〇年八月六日、広島は原子爆弾によって壊滅した。当時、広島高等師範学校の二年生であった私は、勤労学徒として郊外の工場に派遣されていたために、かろうじて死を免れた。そうして、終戦。しかし、校舎が烏有に帰したため、授業再開の目途も立たず、自宅待機の日が続く。ようやく授業が再開されたのは、翌年の二月であった、それも当時の国鉄西条駅からバスで一時間半ばかり入った山中の旧海軍衛生学校を仮校舎としてである。

待ちに待った授業であるとはいえ、図書館はおろか、文化的刺激の皆無な僻村での寮生活。寒さと飢え。敗戦による虚脱感もまだ癒えていなかったし、将来に対する不安もあった。

この時、来校され、全校生を前に講話をされたのが長田新校長（広島文理科大学学長と兼任）であった。先生は「鶯が鳴いているね。いいね。広島の焼け跡では聞けないよ」から始まり、国家の三大機能としての政治と経済と教育のなかで、教育が絶対的優位を有すべきことを説き、ペスタロッチーの『リーンハルトとゲルトルート』やフィヒテの『ドイツ国民に告ぐ』、さらに、明治初年の長岡藩における小林虎三郎の「米百俵」などを引き合いに、教育による国の再建と真理探求の意義について、熱っぽく語られたのである。

学校長から今後の学園の方針が聞けるものと期待していた学生にとっては、その講話は失望でしかなかったであろう。しかし、私は先生の「教育立国論」にいたく感動し、戦後ずっと抱き続けていた悩みが氷解する思いであった。寮に帰り高等師範学校で学ぶことの意義を深く噛みしめていた時、事務局から呼び出しがあり、「校長が学生代表に会いたいと言っておられるから、すぐに来てほしい」とのこと。何ごとかと恐るおそる校長室に入ると、先生はお茶をすすめながら、「学生の不安はよく分かっているよ。そうだからこそ、落ち着いて勉強してほしいと考え、あえてあのような話をしたのだ、ところで、学生たちの生活はどうかね」と、まるで慈父が我が子に接するような態度で、縷々説明を求められたのである。

私は正直にありのままをお答えした。先生は最後に、「もし広島に来たら、ぜひ家にも来たまえ」とおっしゃり、名刺の裏に略地図まで書いて下さった。

これが私の永遠の師と仰ぐ長田先生との出会いである。この出会いなしには、数学を修めていた私が教育学の道に転じることはなかったであろう。それからというものは、先生のご著書を読みあさった。

長田先生は学長としての激職のなかでも、「教育学概論」の講義は特別に担当された。しかも、公務出張のために休講となることが多いからと、月曜日の最後の校時をそれに当てられ、二コマ分の講義をされたのである。ノートは一般の講義の一倍半を超えていた。

研究室の行事には可能な限り顔を出され、親しく語りかけられた。私はどうしたことか、よくご自宅にお招き頂き、夕食をご馳走になった。そこで拝聴するお話は話題も豊かで興味深く、「学は人なり」というご持論から、文化や人生に対する見方や考え方、さらには、人間としての、また、大学教師としての在り方や生き方について、おのずと学びとらせて頂くことができた。そうして、一人の偉大な教育学者の思想を読み続け、謙虚に学びとることの大切さを知り、先生のご指導を仰ぎながら最初に取り組んだのがパウルゼンであった。彼は『倫理学体系』の著者であり、その『教育学』では「意志の陶冶」が中心となっていた。終生の研究対象となったシュプランガーは、そのパウルゼンの高弟であるが、彼の教育学の中核は「良心の覚醒」であり、道徳性の育成を基盤とする教育学であると言ってよい。

大学を卒業し滋賀大学の助手になってからも、新聞等で先生が関西へご講演に来られることを知ると、遠路を問わず駆けつけた。そのようなことから、当時、京都学芸大学助教授であった平野武夫先生と出会うことになる。

平野先生は私財を投じて「関西道徳教育研究会」を組織し、毎年、全国大会を開催され、長田先生もこの講師として招聘されていた。その席上で、長田先生から「君は京都に近いのだから、平野君を手伝ってあげては。勉強にもなるしね。バウルゼンやシュプランガーも生かされるよ」と言われたことから、その研究会に関係をもつことになる。長田先生ご自身は、当時、徳目主義に陥ることの警戒から、小学校段階での「特設道徳」には反対の立場を貫かれていたが、平野先生のご研究に対しては激励を惜しまれなかったのである。

先生は弟子たちに対して、本質から逸脱したことには厳しかったが、自分の立場を押しつけることは決してなく、つねに各人の、多様な、自由な研究が進展することを念じられていた。研究に対する自由と寛容が、長田先生の変わらぬ信条だったのである。

この関西道徳研究会を通じて、故宮田丈夫先生、故森昭先生、青木孝頼先生を始めとする道徳教育論の権威者や全国の実践研究者たちとご懇意にさせて頂く機会をもったことによって、道徳教育との深い関わりがなされていく。当初、この研究会の全国大会で指導助言に当たられていた校長先生方には、哲学・倫理学・教育学に造詣の深い方が多かった。しかも、それが実践化されていた。この先生方と旅館で夜を徹して語り合ったことから、理論と実践とを統一する道が開かれていった。これも貴い出会いであったろう。しかしそれらは皆、若き日の長田先生との出会いが基になっていることを痛感し、感謝するばかりである。

（『道徳教育』明治図書　四三五号。平成七年八月号）

(2) 日本への回帰——下程勇吉先生

国際化時代の急速な進展の中で、日本の文化や伝統に正しい理解を持つことは極めて重要である。私は自国を愛し尊敬しない者は、他国を愛し尊敬することができないという信念を抱いている。欧米にばかり目を向けアイデンティティを確立できない近年の我が国の姿を見るにつけ、ふるさとを見つめ直す必要があると思えてならない。

長くドイツ教育哲学を専攻してきた私のこうした日本的なものへの回帰ときっかけとなったのは、自国の文化や伝統に誇りを持つドイツへの留学及び二回の訪問と京都大学名誉教授下程勇吉博士との交遊である。

下程先生に初めてお目にかかったのは、昭和二八年に滋賀大学で開かれた関西教育学回大会の関係からであった。当時助手で学会の準備に走り回っていた私は、会長であった先生に最初から相談に乗って頂いた。以後、毎月ご自宅で開かれていた「下程会」にも参加しご指導を賜ったし、昭和三三年度には文部省内地研究員として一年間、先生の「教育人間学」に関する講義を拝聴した。そして、先生が編集される書物には、多くを分担執筆させて下さったのである。特に『教育学小事典』（法律文化社昭和五一年刊）を監修された際には、京都市立芸術大学教授の畏友竹内義彰氏及び法律文化社編集長井上重信氏と共に、滋賀県大津市の山村である葛川の鄙びた旅館に四人で宿泊してその編集に携わったことが忘れられない。そして、滋賀県教育の先覚である杉浦重剛先生の全集全六巻（思文閣出版　昭和五七年）の編纂の際には、梅窓会会長の石川哲三氏の依頼に応えて頂き、ご尽力下さった。これが機縁となって、先生を中心とする「明治教育研究会」が発足し、「アジアの中で我が日本だけが西欧の植民地にならず、独立国としての近代国家を築き得たのは何故か？」について共同研究が始まった。このように、先生からは傍系のわたくしをも京大の教え子同様に可愛がって下さったのである。

先生は、フッサール（E.Husserl, 1859～1938）やシェーラー（M.Scheler, 1874～1928）を中心としたドイツ哲学を基盤に、二宮尊徳や吉田松陰の研究をなされていた。ご郷里の広島で原爆に被災され、辛い体験をなされたことからか、叙勲をもお断りになるなど、一本筋を通っており、また私たちと違ってお酒はほとんど飲まれず、堅物でも有名な方であった。昭和三二年頃だと思うが、先の竹内氏等の友人三人で忘年会を開いてお招きし、二次会で「今夜は下々の行く所へご同行して頂きたいのですが」と言って、無理やりに祇園のクラブにご案内したことがある。先生も面食われたようだが、翌日、先生が祇園で遊ばれたという噂を聞いた人たちは、もっと驚いたようだった。この時の二人の親友も他界し、先生に親子兄弟のようにお付き合い頂いたのは、もうわたくしだけとなってしまった。

先生は九十歳近くになっても青年のような気概を持ち、著作活動を続けておられる。今日のわたくしがあるのは。このような先生との四〇年にわたる交遊のお蔭である。その感謝の気持ちを忘れずに、これからも先生を見習い、ドイツだけでなく日本の教育問題にも取り組んでいきたい。

（『日本経済新聞』平成四年七月一三日号。若干加筆）

〔付記〕

ちなみに先生の御編著に掲載して頂いた拙稿を挙げておく。なお、括弧内に記したのは分担執筆を行った論稿名である。

『世界各国の道徳教育』黎明書房、昭和三三年。（ドイツ編）

『教育学』有信堂、昭和三五年。（第一四章　社会教育）

『教育原理』ミネルヴァ書房、昭和四八年。（序章　現代の子どもと教育の課題。第一章　教育の目的と本質。第二章　教育の内容）

『新版　教育学小事典』法律文化社、昭和五一年。（編集と項目多数執筆）

『杉浦重剛全集』思文閣出版、昭和五六年。（第Ⅲ巻『教育史・理化学』校訂及び解説「西洋文明の受容と日本主義」）

『教育人間学研究』法律文化社、昭和五七年。（「人間・政治・教育――シュプランガーを中心として」）

『日本の近代化と人間形成』法律文化社、昭和五九年。（中村正直）

『新教育原理』法律文化社、昭和六〇年。（第四章　教育の段階）
『親知らず・子知らず――危機に立つ親と子への警鐘』広池学園出版社、平成二年。（第一部　親と教師への警鐘）

三　時事問題への対応

(一) 紙面モニター——京都新聞・私の意見

(1) 国際問題への意欲評価

「地球は一つです。国境はありません」。わが国最初の宇宙飛行士毛利利衛さんが、エンデバーが着地して最初に述べられた言葉である。地球上の全人類が文字通り一体となり、その平和と安寧が築かれることをだれもが望んでいる。しかし、現実には世界各地で紛争が絶えないばかりか。国際間の緊張はますます複雑化している。このなかで、日本がいかなる役割や責任を果たすべきか。教育学徒としてもこのことを真剣に考え、これからの国際化時代における教育の在り方を求めていかなければならない。本紙が京滋の住民を主たる読者としながらも、国際問題に対する取り組みは極めて意欲的であり、国際政治の素人として僭越ではあるが、その論調もおおむね中正、穏当であると考える。

特に日中問題には、京滋両府県がともに両国の友好親善に努めて来た。二年後に建都一二〇〇年祭を迎える京都市は、古くから長安と交流の歴史がある。今年は日中国交正常化二〇周年。天皇陛下も訪中されている。それに対する慎重論や違憲論も盛んである。そのなかで、本紙は中国の政治・経済・外交事情について、現地取材を含め、公正な立場から広く報道している。連載の「日中二〇周年・井戸を掘った人々」と「経済開放はいま、上海在加速」も時宜にかなっていた。九月二八日付社説でも、京滋における交流の成果を評価しながら、国際政治力学を配慮した「日中新時代」を促そうとしているのである。

自衛隊のカンボジアPKO派遣も、国民の五九%が賛成しているとはいえ、国際貢献の在り方については、まだ国論は二分している。特に京都市では、在自衛隊駐屯地からも派遣されるとあって、反対運動もかなりあった。それに対する本紙の多面的な取材を評価したい。そうして一〇月一三日付社説では、「事実を厳粛に受け止め」ながら「協力法の施行による派遣隊員たちの今後の長い労苦を思い、家族や関係者とともに無事な活動の展開を祈るばかりである」と、おおよその市民感情を表明した。当然、三年後の見直しを念頭に入れた検証と論議の継続を求めている。これから報道される本紙の記事を期待したい。

その他の国際問題についても述べたいが、そのいとまはない。ともあれ国際問題は、その国の風土や歴史、国民性、さらには民族問題や宗教的背景と深くかかわって考えなければならない。このために、現地特派員の足で調べた「草の根」情報は貴重である。これまでの本紙の努力に対して敬意を表するとともに、さらなる充実を願うものである。

最後に、八月四日に知恩院と比叡山上を会場として子供が主役となって開催された比叡山宗教サミット五周年記念「フォーラム・地球平和祈念の集い」は、もっと大きく取り上げてほしかった。全宗教界が一体となった日本ならではの取り組みであり、京滋から世界へ発せられたメッセージであっただけに、惜しまれてならない。

（『京都新聞』第三九八五八号。平成四年一〇月二五日）

(2) 足で稼ぐ地方版記事充実を

平成四年も余すところ、ごくわずか。今年は国の内外ともに激動し、難問が渦巻いた。国際的には、東西の緊張が解け、冷戦が終結したとはいえ、民族問題や宗教問題が噴出し、血なまぐさい局地戦が絶えないし、発展途上国では人々が飢餓にあえいでいる。それに世界的な不況。地球環境の問題もある。このなかで、わが国の果たすべき役割と責任が世界から厳しく問われているにもかかわらず、国内では政治が混乱し、国民の不信の声は高い。景気浮揚のきざしも見出されないなかで、今年は終わろうとしている。

これほどにまで国際的・全国的な大事件が続くと、私たちの関心は、どうしてもそれに向けられ、ともすると、身近な地域の事柄については無関心となりがちとなる。特に一二月二日付本紙によると、滋賀県から近畿府県に通勤・通学する昼間流出人口は、この三〇年間で二倍となり、約九万人、県民人口の九％に当たり、全国で六番目。逆に滋賀県内への昼間流入人口は約二万八千人。これによって家には寝に帰るばかりの生活者が増えるとすれば、いっそう地域のことには無関心となりかねない。

ドイツの評論家ギュンター・アンダースは、「縁遠いものが身近になると、身近なものが縁遠くなる」と言うが、それでは天下国家について見識をもっているようでも、自分の足もとが揺らいでいることには感知していないというべきであり、真に地についた具体性のある自分自身の判断とはなり得ない。情報化社会の進行とともに、世界からの多種多様な情報が氾濫している今日、自己によって立つ基盤にしかと根ざしていなかったならば、情報の波に押し流されてしまうであろう。それだけに生活の立脚点から世界を眺めるとともに、世界からまた自分の足もとを見つめ直すことが必要とされる。地域づくりなしには、文化や福祉の向上もない。これに寄与するのが地方新聞でなければならない。

この意味において、本紙は、あくまでも基盤を京滋に置きながらも、世界的・全国的な動きに対して意欲的な取材に努め、それとの関係にも配慮しながら、京滋の動向を全体的に報道し、そこから全国への発信を行おうとしている。論壇にも地元人が多く出ている。連載にしても、例えば「曲がり角の大学」では、京滋の大学を中心に、それぞれの改革の取り組みを詳細に報道し、全国的な動きと関連させながら論評している。大学改革が全国的に問題とされているだけに、世の関心は大きいだろう。

「92大学を振り返る」もおもしろかった。ただ、書評にはもっと京滋人の著書をも取り上げてほしい。また、各地域が独自に取り組んでいる地域づくりや文化的活動、学校園での取り組みや青少年活動などを読むと、とかく暗い事件の報道が目立つなかで、心温まる思いがする。各支局や通信局が足で稼ぐことなしには、このような取材はなされ得ないだろう。滋賀本社がびわこ銀行と共同で行っている「草の根こども表彰」も、今年で一一回となる。最初からこの選考委員を務めさせていただいているが、年々推薦数が増えている。このような日常的な積み上げの成果でもあろう。一般的に各紙の地方版が行政当局の広報に依存しすぎているのではないかと感じられるだけに、本紙の地方版に期待することと大である。

（『京都新聞』第三九九一九号。平成四年一二月二七日）

(3) 速さより正確・詳しさ期待

ラジオ・テレビの普及と発展は、これまでの新聞の性格をすっかり変えてしまった。かつては新聞は文字通り「ニュースペーパー」として、新しい出来事を知る唯一の情報源であった。ところが今では、世界の隅々で今発生している事件が電波を通じて生々しく送られてくる。タクシーのなかでもカーラジオから世界のニュースが聞こえてくる。なんと言っても即時性という点においては、ラジオ・テレビにかなうものはなかろう。そうなると、新聞のニュースは、すでに「旧聞」と言わざるを得ない。

情報化社会の進行のなかで、新聞はどうあるべきかは、これからの大きな課題となろう。

例の一月六日の二〇時四五分。テレビは臨時ニュースとして、突如、皇太子妃決定を報道した。その夜は次から次へとチャンネルを回しながら、他局で放送されている関係番組を遅くまで見た人も多かったことだろう。しかも、翌七日の朝刊にくぎづけとなり、わたくしが乗車するJR駅売店でも、かなり早い時間に新聞のほとんどが売り尽くされていた。本紙でも、全紙の二一％強に当たる七頁がそれに当てられ、地元で皇太子となにがしかのかかわりをもった人たちの所感をも入れながら、広範囲にわたって詳細に報道されていた。

これからも分かるように、われわれは一般的にテレビで視聴したニュースを新聞で確認し、特に関心のあるものをさらに広く、深く理解しようとしていると言える。しかも、時間的制約性をもつテレビやラジオのニュースとは異なり、新聞では自分で好みの記事を選択し、マイペースで考えながら読んでいる。としたら、新聞には事件の早急な報道もさることながら、その解説的、記録的要素がより重要な意義を持つことになろう。わたくしたちは、内外の日々の出来事に対して、事実を正確に、公正にとらえ、しかも長期的、構造的に理解しなければならないのであるが、このために本紙の報道とそれにかかわる論説や解説、特集等は、概して読者のこの要求に沿うものであるように思われる。中正でもある。

特に国民に政治家や政治に対する不信の念が高まっているさなかに、内田健三氏の『戦後宰相論』

を連載した。生きた戦後政治史から教えられることが多かった。国際貢献ともかかわり憲法の改正が論議されているが、本紙では一月二七日付の社説で「国民のコンセンサスが出ているとは判断していない」として「憲法の改正は考えていない」とする宮沢首相の見解を支持しながら、改憲・創憲論者の発言をも積極的に取り上げようとしているように思われる。一月二八日の「表層深層」でもこれが論じられている。国の行方を定める問題であるだけに、さらに改憲問題に対する広範な、長期的な連載を望みたい。

滋賀県版では、県民の悲願である琵琶湖の保全や環境美化に対する行政や民間での取り組みについて、ヨシ帯の保全や魚類・野鳥の保護をも含め、精力的に報道し続けている。三日からは「ニゴロブナ物語」の連載が始まった。第一回の終わりに、「琵琶湖は人間が変えた。だからその復活は琵琶湖を変えた人間の務めだ」とする漁師国友さんの言葉が紹介されていた。これはすべてに通じる真理と言えよう。今後の展開が楽しみである。

（『京都新聞』第三九九六六号。平成五年二月一四日）

⑷街づくりのヒントと力に

本紙も本年三月二〇日で創刊四万号を迎えた。明治一二年六月九日に発刊されて以来、京滋に密着した地方新聞として、大きな役割を果たして来たことを、ともどもに慶び合いたい。そうして、「平和憲法に基づき、自由と社会正義を守り、地域の発展を希求する立場から、真実、公正な言論報道を活発に展開することを改めて確認する。そして地域の人びとともに新しい歴史を刻んでいくことを誓う」という当日の社説に拍手を送り、ますますの発展を祈るものである。

その号に「世界の街から—女子大生の卒業旅行」があり、外国人からは「金持ちでしつけの行き届かない野蛮人」としか映らないような日本人女子大生グループの海外旅行先での行動について報じている。残念ながらわたくしの海外体験からも頷かざるを得ず、大学に勤める者として自分が叱られている思いである。この記事は「日本人（の一部）は〝慎み〟とか〝もったいない〟という言葉を忘れたのだろうか」で終わっているが、確かに「慎み」「恥ずかしい」「もったいない」などという日本人本来の心が、戦後の経済優先の世相のなかで極めて希薄なものとなっていることは否めない。そうしてそれが、毎日の社会面をにぎわしている事件の原因ともなり、政治の腐敗もそれと無関係ではなかろう。

今日、政界の浄化と不況の打開が緊急事として求められるのは当然であるとしても、そうだからこそかえって、これまでの「もの」「金」中心の生き方を反省し、「こころ」とゆとりや落ち着きを取り戻し、真に心豊かな生活の再建を図っていくことが肝要であろう。このため、各地で活発となって来たグループ・サークル活動に期待したい。特に滋賀県は文化不毛の地などと言われながらも、地方の片隅で伝統文化を継承するための努力や趣味を伸ばすための文化活動が地道になされている。環境問題にも真剣である。最近ではそれらを生かした街づくりも盛んである。何気なく自分がやっている活動が新聞に載ったなら、地域住民は自信と誇りをもってますます頑張ることは間違いないし、他の地域もそれに刺激されよう。「湖国の博物館」もすでに二〇回を重ねた。あまり知られていない街角の博物館にも目が注がれ、その由来や特色について報じられている。本紙の記事は、新しい街づくりに大きな力となっているのである。

「古き新しい舞台―世界の歴史都市」は、世界四二の有名歴史都市それぞれに共通する課題や独自な文化について、年間を通じ五十回にわたって報道した。非常に興味深かったが、特に締めくくりとしての「京都」では先人たちが古き伝統を守りながら、新しい都市づくりにいかに努力して来たかを教えられた。建都一二〇〇年に向けた意欲的な企画であったが、地方の時代と言われる今日において、各地の街づくりに示唆すること大である。「きょうと文化考」も、正直言って時には「きょうと」とは関係の薄い文化評論も見かけるが、全体としてはさまざまな立場から京都に名を借りてなされた日本文化全般への忌憚のない提言として注目される。本紙を通じて草の根文化を巨視的にとらえ、大きく発展させていくための方向を考えさせられることになる。さらなる充実を期待したい。

（『京都新聞』第四〇〇〇四号。平成五年三月二八日）

〔付〕〃県民的立場〃忘れずに――新県議に3つの注文

戦後かつて経験したことのないような深刻な社会情勢のなかで、向こう四年間、滋賀県政の重責を担うわれわれの代表が選出された。日本の、そして本県の今後進むべき道について、徹底的な反省と検討がしいられているときに行われた今回の選挙は、われわれにとって格別に大きな意義をもつと言うべきであろう。わたくしは、今回選出された議員諸氏に、特に次のことをお願いしたい。

Ⅰ 長期的ビジョンと実現可能な政策を

四年前には、日本は経済高度成長の流れのなかにあり、いわばばら色の未来を想定する進歩の思想が、きわめて優勢であった。しかし、その限界を忘れた開発は、自然を破壊し、公害をもたらし、人類の生存をも危機に陥れるやもしれないような状況を引き起こしてきた。しかもそれは世界的な不況とインフレのあおりを受けて一層複雑な様相を呈し、すでに地方財政の逼迫が伝えられている。

水と緑に恵まれ、歴史的文化を誇るふるさと近江。そこに生きるすべてのひとが幸福で生きがいを見出し得る社会をどのように実現していくか。その政治的解決がいつに県議会の在り方にかかっている。もとよりわれわれは、開発や進歩の方向をことごとく否定するものであってはならない。それは停滞でしかなかろう。事実、過疎に悩む地域や、操業停止ないしはそれに近い状況にある企業が、県内にも少なくないことを見聞するとき、その対策の急務なることを痛感させられる。かのローマ・クラブ・レポートのことばを借りるとすれば、われわれは「進歩に盲目的に反対するのではなく、盲目的な進歩に反対する」ものでなくてはならない。あくまで人間尊厳の自覚のもとに――したがって教育立県こそ県政の基本的立場とすべきである――、自然保護と開発・進歩とそのもとでの具体的で実現可能な政策が、県議に要求されるのである。

各候補者は、相も変わらず結構ずくめな公約を網羅的に並べ立てている。しかもそれらが果たして実現可能なのであろうか。百年の大計のもとに、たとえば青少年の健全育成に全力を傾ける。しかし他の問題はしばらく我慢してほしいというように、どうして言えないのか。候補者に、政治哲学に支えられた識見と誠実さと勇気が望まれるのである。

Ⅱ　政党イデオロギーより県民的立場を

県議会も政党政治のなかで行われている限り、政党内の意見対立は、当然あり得る。むしろその政党を支持するひとびとの意見を代弁して、徹底的な論争をこそ期待したい。しかしその場合、独自な条件と課題をもつ全県的立場を忘れて、いたずらに政党イデオロギーを絶対視して、党利党略に狂奔するとなれば、県民無視と言う他ない。最近の県政、従ってまた選挙運動の状態を眺めてみると、いたずらに他党を批判するだけであって、滋賀県をどのような方向にもっていこうとするのかというビジョンと責任あるみずからの具体的方途について語ることが、あまりにも少なすぎるように感じられてならない。

他を批判することは、いとも易しい。しかし自己の責任ある態度を示すことは、きわめて難しい。批判のための批判では、このように深刻な時代には通用しない。政治的不信を助長するだけである。政党とは、本来、部分を意味する。部分は、当然、全体を予想している筈である。対立を論ずるより先に、共通性を見出してほしい。それはとりもなおさず、全県民的合意の立場である。

Ⅲ 地域エゴよりも全県的発展を

県会議員は、各選挙区から選出されている。各議員が自己の選挙区の発展のために尽力すべきことは、当然であろう。しかしそれが、単に地域エゴイズムをむきだしにして、力関係によって左右されるのであれば、県全体の発展は期待され得ない。しかもそれが、次期選挙を有利にするためになされているとすれば、一層、問題は大きい。有力議員のいる地域とそうでない地域との大きなギャップ。ときには、県立某施設を、それがもっとも有効に利用されるための諸条件を何ら考えることなく、是が非でも地元に誘致しようとして策略を講じ、その結果、その地に設立はされてもいわば開店休業となっているようなことさえ珍しくない。地区選出であると同時に、滋賀県全体の発展を図る議員であってほしい。全国的・大局的な視野から県全体を眺め、その発展を図るのでなかったならば、その地区の発展はあり得ない。まして今日の危機は克服され得ないのである。

（『京都新聞』第三三六〇一号。昭和五〇年四月一四日）

㈡　青少年育成の問題 ――よし笛

⑴　青少年の健全育成を考える

昭和五〇年頃から顕著なものとなってきた青少年非行は、今なお増大を続けている。怠学、喫煙、薬物乱用、万引き、不純異性交遊、無断外泊、家出、家庭内・校内暴力、暴走行為……など。罪の意識をもたない「遊び型非行」は、われわれの予想以上に広がっており、外見的にはなんら問題のなさそうな子どもが、いつの間にか悪の道に足を踏み入れているのである。「うちの子に限って」と楽観視することは、いまや許されない。

この原因はどこにあるのか。それはきわめて複雑であり、一概にいうことは難しい。しかし、今の子どもを育てたのは、われわれおとなであることは間違いない。「今どきの子どもたちは」と青少年を非難するより先に、まず、おとな自身の姿勢を正すことが必要である。家庭も、学校も、地域社会も、他に責任を転嫁し合うことなく、あくまで自分自身の問題として捉え、今までの自己の反省の上に立って、青少年育成の方途を講じなければならない。

まず、子どもにとって最初の学校は家庭であり、最初の教師は両親であることが、再認されるべきである。もとより、このことは、家庭の学校化や両親の教師化を意味しない。まして、家庭が学校教育の下請けや延長となっては、かえって子どもをだめにしてしまう。

家庭には、学校教育とは根本的に異なった独自な教育機能がある。今日の家庭がその構造変化のなかで教育機能を希薄にしてしまったことによって、子どもの人間形成に大きな歪みを生じ、それが青少年非行の原因ともなっていることは否定できない。親はわが子に対する養育・教育の責任を自覚し、家庭教育の良き担い手とならなければならない。

学校もまた戦後教育を総点検し、本質に還らなければならないが、とりわけ全教職員の共通理解に基づく教育観・指導観を確立し、教育の権威を回復することが必要である。教職員間の指導観の対立が学校に対する不信感を招き、教師のバラバラの対応が生徒指導を不毛にする。それぞれの教師のもつ世界観・人生観は異なっていても、すべての教師が公教育に携わる専門職であることを自覚し、わが子に接するかのようにあたりまえの日常感覚から発想される指導観を求め、それを教育の本質に照らして考えていくならば、全教職員の共通理解はなされ得る筈である。

地域社会も、今日、自然は蝕まれ、不良文化財は氾濫し、連帯感は喪失し、その教育力は低下している。地域社会の教育力の回復が、これからの大きな課題とならなければならない。最近、青少年育成市・町・村・学区民会議が中心となり、学校を含め、地域ぐるみで青少年を健全に育成するための自主的な運動が活発になってきたことは、実によろこばしい。愛の呼びかけ運動、オアシス（オハヨウ・アリガトウ・シツレイシマシタ・スミマセン）運動、家庭の日の推進運動、ポルノ雑誌などの自動販売機撤去運動、夜間パトロール、青少年問題に関する対話集会・研修会などの開催、青少年を体育的・文化的活動や地域行事に参加させる運動などが、それである。この運動に大きく期待したい。学校・家庭・地域社会の協働関係がなかったならば、青少年の健全育成は実りあるものとはなり得ないのである。

（『京都新聞』第三五七六四号。昭和五六年五月三日）

(2) 現代っ子に根源的体験を

ぼくはしなない
ぼくは

しぬかもしれない
でもぼくはしねない
いやしなないんだ
ぼくだけは
ぜったいにしなない
なぜならば
ぼくは
じぶんじしんだから

これは数年前に高層団地の屋上から大空に身を投げた中学生の最後の詩である（岡真史詩集『ぼくは十二歳』）。この天才少年は「ぼくだけはぜったいにしなない」と書き遺しながら、どうして自殺したのか。そのきっかけについては、だれも思いあたるふしは、なんにもないという。しかし、最愛の子を死なせた父君岡高史氏の次の「悔い」から、この理由なき自殺の原因がくみとられる。

「長じてからも、ひとり遊びの時間が多かった。絵本が遊び相手。読むのが好きで、早いから、親は喜んでほうっておく。ところが、松なら松という実物なしに絵本だけしか知らないとなると、言語（知恵）にかかわる部分のみが発達して、ほかの五感の発達が伴わない。松の葉の風に鳴る音、幹の手ざわり、松ヤニのにおい、味なんかを知らないままで成長する。ひよわな人間関係ができあがっちゃう。……全身の力で生きて行くべきなのに頭の中の知識を支える体験がないから、悩みがあったりすると頭でっかちで崩壊する傾向が強い。神経症をひきおこしやすいし、そうならないまでも生とか死を、体を伴わない形で考えるエネルギーが走る。年齢が低いほど悩んでいる期間が少なく、気のつくいとまもないままで一つの方向へ走る」（『週刊朝日』昭和五二年一〇月二一日号）。

実際、現代の家庭はあまりにも「労働に無縁」であり、生活環境においても「自然とは疎遠」となっている。今日の子どもは、親の手伝いをしたり、山野を駆けまわったり、動植物の飼育栽培をしたり、遊びのなかで素朴な材料から組み立てたり作り上げたりしながら、自然と事物の本質や諸関係を、自分の目で直接触れ、捉えるようなことを、ほとんどしていない。体験的基盤なしに抽象的な概念や法則が単に暗記されているのでは、真の知育とはなり得ないし、まして人間形成の面から問題はすこぶる多い。わたくしは、今日のいわゆる「落ちこぼれ」はもとより、非行児・問題児の激増、その低年齢化の大きな原因がここにあると考える。アメリカの犯罪学者グルックも、家庭の愛情喪失とともに、「今日の少年たちは、ふところ手をしていても、なんでもほしいものが、できあがったものとして与えられるので、ほとんど努力する必要がない。そこで、ある意味において、人生に退屈するところにも、非行化の原因がある」と述べている。

青少年の健全育成を図ろうとするならば、野性的な遊びや手伝い、農業的・手工業的な労作、つまり根源的な体験に培うことが図られなければならない。すなわち、家事手伝いはもとより、いわゆる日曜百姓・日曜大工などによって家族全体がうち揃って汗を流すこと、子どもが自然に親しみ、野性的な生活や伝承的な遊びを自由にすることのできる場と機会を積極的に設定すること、地域の行事や作業に自主的に参加させることなどである。これらの活動に子どもが仲間と共に専心・集中・没頭し成就感を体験することが望まれる。

すでに夏休みに入った。この長い夏休みにこそ、家庭と地域社会で子どもに根源的体験を育てることに努めたい。

（『京都新聞』第三五八四六号。昭和五六年七月二六日）

(3) 育てることのよろこび

T君は本学部専攻科を卒業して三年目、現在は県立養護学校高等部で英語を教える青年教師である。養護学校教諭としての新任辞令を手にしたときは、まさに晴天の霹靂。静かな情熱を内に秘める彼も、当初は、未知の世界に挑戦することに、苦悩し続けていた。一年前に会ったときも、憂いのかげりは、まだ残っていた。

彼は、先日、何の前ぶれもなく、研究室へ訪ねて来た。そうして「昨日の祭日が運動会でしたので、今日は代休です。このようなときでないと、お伺いできないので、突然、やって来ました。実は、もっと早くお渡ししたかったのですが、機会がなくて」と、一冊の書物を贈ってくれたのである。彼は「わたしの教え子の書物です」と語るだけで、何も言わない。しかし、彼の表情は昨年のそれとは全く異なり、明るく、たくましく、そして何よりもうれしそうであった。

渡された書物は、町田知子著『十七歳のオルゴール』（柏樹社刊）。この書物については、すでに新聞やテレビで紹介されているので、お読みになった方も多いだろう。未熟児として生まれ、脳性マヒという苛酷な運命を背負いながら、必死に生き抜いて来た、一七歳の少女の作文集である。十分に話すこともできない著者知子さんは、重い手に鉛筆をかたくにぎりしめ、大きな大学ノートに三センチ角ぐらいの字で、自分の思いや訴えを、高等部一年生のときから書き続けてきた。そのノートは、すでに十二冊になっているという。これらのなかから、自分の生い立ち、家族のこと、自分の内面をみつめたこと、人生、人間について考えたことなどが選ばれて、肉筆のまま、一冊の本にまとめられていた。不幸な出生についての苦しみ、周囲の偏見や白い眼、死についてまで考える過去・現在・未来の人生上の悩み……。このなかで、家庭、とりわけ母親のあたたかい配慮によって、障害にもめげず、明るく成長して来た知子さんの内心からの叫びに対して、なにびとも感動せずにはいられないであろう。わたくし自身、目頭をあつくしながら、自己の生き方についても、大きく教えられたのである。国際障害者年にふさわしい、なによりもの贈物と言えよう。

T君は、生徒との心のつながりを図るために、「学級ノート」を思いつき、ノートを通しての生徒の対話に努めている。このことから、知子さんとのつながりが始まる。彼は、「彼女とのコミュニケーションは、ほとんどが書き言葉であったため、実際に話した時間は非常に少ないと思う。しかし、他のだれよりも、随分たくさん話したような気がする」と、そのあとがきに書いている。これに対して知子さんも「T先生にはとくにいろんなことを経験させていただきました。たくさんの思い出の中でT先生との出会いは私の一八年の人生に花をそえてくれました」と、述べている。ご家族と学校の配慮と取り組みが基盤となっていることは当然であるとしても、T君の指導がなかったなら、知子さんも、これだけの思想や感情、表現力、文章力も育たなかったと言えるであろう。この書物の刊行が、彼女に生きることの自信やよろこびを、どれだけ喚起したことであろうか。

T君は「わたしは別に何もしていないのですよ」というだけで、自分の苦心や努力については、全然、語ろうとはしない。しかし、せっかくの休日にわざわざ持参して、無言のなかにも、自分の教え子の文集の刊行をわがこと以上によろこんでいる彼の表情から、彼の労苦が並大抵でなかったことをかえって感じとり、そこに、教え子の成長にのみ献身する真実の教師像を見、感動を深めたのである。

（『京都新聞』第三五九三五号。昭和五六年一〇月二五日）

(4) 国体後の指標を求めて

「びわこ国体」と「身障者スポーツ大会」は、予想以上の好成績を収めて、めでたく幕を閉じた。県選手団はもとより、集団演技・音楽演奏等への参加者、役員・運営者、あらゆる面で裏方として尽力された多くの方々に対して、心からその労をねぎらいたい。

なにごとにせよ、一つの目標を掲げて全員がそれに取り組むときには、活動も活発化するし、団結もなされる。しかし、その目標が達成されたときには、その努力が大きければ大きい程、ひとはとかく安堵感をおぼえ、それが疲労感となり、やがては虚脱感にさえ陥りがちである。本県もこの数年間、すべてが「国体を成功させよう」という旗印のもとになされて来た。そのことによって、あれ程のすばらしい成果がもたらされたとも言える。二つの大会によって燃え上がった火を消すようなことになってはならない。「水と緑にあふれる若さ」は、新たな指標のもとに伸ばし続けられなければならないのである。

二つの大会によって盛り上がったスポーツ熱を高め、県内各地に整えられた施設・設備をフルに利用して、体力づくりに努めること。開会式・閉会式で発揮された音楽演奏、スポーツ芸術部門で開花した芸術への関心を深め、豊かな文化生活を築いていくこと。街に花を植え、環境を美化し、来県者をあたたかく迎えようとして地域ぐるみでなされた活動を強化して、連帯の輪を広げ、新しいふるさとを創造していくこと、これらの絶えざる取り組みのなかでこそ、「わたしにもこんな力が生きがいが」ということが、県民一人ひとりに体得されていくのである。これらを総合的に行っていくことが肝要なのであるが、それがとりもなおさず、「生涯教育」の推進であるということができる。わたくしは国体後の滋賀県民の指標をここに求めたい。

さて、二つの大会における あまたの感動のなかで、わたくしの心にもっとも刻み込まれたのは、少年選手団の健闘と集団演技及び音楽演奏のすばらしさである。青少年非行の増大が大きく取り沙汰されているさなかに、その年齢に該当する少年たちが、あのようにめざましい活躍をしてくれたのである。指導者の努力が並大抵ではなかったことを十分に知りながらも、つね日頃、青少年対策について論じていることが申し訳ないようにさえ思えてくる。ともかく多くの問題性をはらむ青少年も、地域並びに関係諸機関の一致協力支援体制のもとに、すぐれた指導者に恵まれるならば、自己のうちにまどろんでいる可能性を発揮し、何ごとに対しても立派にやり遂げ得ることを、改めて知らされたのである。

生涯教育の推進にとっても、優秀な指導者の確保と諸機関・諸団体・地域ぐるみの取り組みが、なんとしても肝要である。差し当たりびわ湖国体・身障者スポーツ大会のために設けられた「県（市・町・村）実行委員会・県（市・町・村）民運動推進会議」を、「生涯教育」のためのものに改組することは、難しいことではなかろう。ここから、そして今から、本格的な滋賀県の飛躍的発展が始まっていくのである。

（『京都新聞』第三五九六三号。昭和五六年一一月二二日）

(5) 自己の存在意義見いだす

先日、茨木市にある浪速少年院を訪問した。ここには不幸にも罪を犯した少年たちが、更生のためにひたむきな努力を続けている。先生方のきめ細やかな配慮と指導のもとに、規則正しい寄宿舎生活を行い、将来、自立し得るための職業訓練をはじめとする様々な教育を受けている。学校時代には何事にも集中できず、学業にも「落ちこぼれ」、そのために非行に走ったと思われる少年も、ここでは、電気作業、旋盤、木工、クリーニングなどの職業訓練に専念し、それに喜びと自信を見出し、国家試験によって資格を得ることはもちろん、なかには通信教育によって高等学校を卒業し、大学に入学する者もあると言う。

わたくしがここの先生に「どのような性格の少年が多いですか」と聞くと、「ほとんどが位置意識のない少年です」とのこと。位置意識とは存在意識と言い換えてもよい。つまり彼らには、家庭にも学校にも社会にも安住の場がない。他人からも自己の存在を認められることがない。したがって、全体のなかで自分がどのような位置にあって、どのような責任を担っているかを自覚したことがないのである。つねに劣等感を抱き、自信と誇りを失い、どうせ自分はだめな人間なのだという気持ちが、彼らをして、目立った服装をしたり、虚勢をはったり、ともかく裏側にはけ口や逃げ場を求めさせることになり、非行に走らせてしまったと言うことができよう。

かつては子どもは家庭内労働を通じて、家族の一員としての役割を自覚していた。また、近隣の友だちとの遊びや作業を通じて、集団における自己の役割や責任を体得していった。しかし、今はそれがない。家庭では過保護や過干渉か放任。しかし、親の進学熱はすさまじく、子供をひたすら勉強に駆りやろうとする。地域での子供の遊びも少ない。しかも、たかだか数人の同年齢者のみの集まりでは、集団生活の基礎は十分に養われ得ない。学校でも学業成績だけで評価されるとなると、子供はいよいよもって、自己の存在意義を見出すことができないのである。

人間にはいろいろな生き方がある。万人に適用される生き方の公式など、ある筈がない。ところがわたくしたちはとかくそのことを忘れ、どのような子供たちにも一つの尺度——高学歴への志向——を押しつけてはいないだろうか。子供を一つの尺度だけから測るのではなく、その全体像から捉えてやりたい。どのような子供にも、長所があり、得手とするものがあり、特性がある。なんらかの活動を通して長所や得手や特性を見つけてやり、それを励まし、子供に自信と誇りをもたせることから、自己の存在意義に目覚めさせてやることが必要である。そこから、子供は不得手なものをも克服していくことも可能となるであろう。家庭や学校や地域社会のなかで、子供が何らかの活動に没頭し、専念し、成就感・成功感をもつことによって、自分でもやれるのだ、できるのだ、自分なしにはすまされないのだ、自分も全体に対して大きな役割と責任を担っているのだということを彼等に自覚させることが、今日の青少年育成にとって、もっとも肝要であると言わなければならない。

（『京都新聞』昭和五七年三月七日号）

(6) 郷土感情を育てる

某中学三年生の生徒。彼は最近学業成績が下がったため、母親からひどく叱られて家を出た。小雨の降るなかをあてどもなく自転車に乗り、たどり着いたのは自宅から五〇キロ以上も離れた、ある住宅街であった。彼は中学入学までに四回も転居している。彼の足は、いつともなく幼少期を過ごした地に向けられていたのである。しかし、その住宅街は様子をすっかり変えており、道で会うのも知らない人ばかり。彼は傷心のまま引き返さざるを得なかった。

彼の現在の居住地は閑静な高級住宅街にあるが、地域の人とのつながりは皆無。彼には地域に友だちがいない。教育ママにしごかれるばかりの家庭は冷たい。彼には過去にも現在にも、自己をあたかく抱き、包み込み、心のやすらぎと落ち着きを与えてくれるふるさとがないと言ってよい。多分彼は、そのときまで自分が、ふるさとを喪失した根なし草であることに気づいていなかったであろう。しかし、自分が苦悩にやつれたとき本能的に求めていたのは、自己がしっかりと根を下ろすことのできるふるさとだったのである。

実際、産業構造の急激にして複雑な発展は、地域社会と生活様式とを根本的に変化させてしまった。都市への人口集中、農村の都会化、自然破壊など外的変化はもとより、人間の内的な意識変化、とりわけ地域連帯感の喪失はいちじるしい。かつては地域住民のすべてが知り合い、言葉を交わし、助け合っていた。地域行事も多く、全員が参加し盛り上げてきた。しかし今はそれがない。隣の人は何する人ぞ。挨拶もしなければ、言葉も交わさない。全員が参加する行事もない。都市部はもとより農山村部でさえも、人びとはリースマンのいわゆる「孤独なる群衆」となってしまっている。家には寝に帰るだけの居住地であるならば、思い出も残らない。郷土感情は育たない。まして郷土愛などは全くないと言ってよい。そして生活圏の拡大とともに、問題はますます複雑なものとなっている。出生以来、生育地、居住地を転々とする人が増加しつつあるからである。前述の中学生もその一例でしかない。

ドイツの哲学者ハイデッガーは「人間はまず住むことを学ばなければならない」と述べ、人間が危険や冒険に満ちた外的世界に「投げ入れられ」ながらも、それに対決して自己の本質を実現し得るためには「住まうということに対する内的関係」を樹立することが肝要であると言っている。自己がしっかりと根を下ろし、安らぎと落ち着きを見出し得る生活の根拠地がなかったならば、人間はこの複雑な社会のなかに生きることができないのである。前述の中学生の例が、そのことを明確に示している。人間として主体的に生き抜くためには、何としても「肉体的にもたましい的にも自己自身と緊密に結びついた生活の中心ないし基盤」としての「心のふるさと」を必要とするのである。もとよりそれは単なる生まれ故郷を意味しないし、かつての「おらが国さ」的共同体への復帰を求めるのではない。都市部であろうが農山村部であろうが、生まれたところであろうが新しく住み着いたところであろうが、人びとが個々のプライバシーを尊重し合いながらも、連帯感で結ばれ、相互的な援助と共同活動を行う生活共同体、しかもそこを基盤としながらもより大きな社会、究極的には人類社会に開かれた生活共同体。このように新しい真実のふるそとの創造こそ、これからのわたくしたちの中心課題であろう。

青少年に対してもまた、このような意味での郷土感を育てなければならない。特に若いときにたましい的結合としてのふるさとに対する感情が養われなかったならば、永遠に人間として生きる基盤を失った不安定な感情へと導かれざるを得ない。もとよりこのふるさと的感情は安易に与えられるものでなく、仲間と共に汗を流し、苦楽を分かち合うことによって体得されるものである。

最近、青少年育成の地域ぐるみ活動が活発になってきたことは、きわめて喜ばしい。あいさつ運動・愛の呼びかけ運動・ポルノ誌自販機撤廃をも含む環境浄化運動などが、地域において着々成果を上げているのである。これらの運動がいわゆる草の根にまで及ぼされ、活動の輪を大きく広げていくことを期待したい。新しいふるさとの創造と青少年健全育成とは、不離一体的なものである。

（『京都新聞』昭和五七年六月六日号）

(7) 子どもの夢を育てる

僻地の小学校から都市の幼稚園に転任して来たある先生が、ある時、しみじみと述懐していたことを思い出す。「子どもたちが、クレヨンを無茶苦茶に使っているので、〝クレヨンチャンがかわいそうよ、痛がって泣いているよ〟と言いましたら、〝クレヨンみたいなもの泣かないよ。折れたら新しいもの買ったらよい〟と言って、投げ捨ててしまうのです。僻地の子どもなら、小学校二、三年生でも、〝クレヨンチャンごめんね。包帯してあげるからなおってね〟と言いながら、セロテープを巻いたものです。本当に情けなくなります」。

このようなことは。今日では、都市部の子どもだけに見られるものではない。僻地の子どもにも、いく分かの程度の差はあれ、認められるようである。いたずらによって教室のガラスを割っても、あやまることをしないで、明日お金をいくら持って来たらよいかと言うことだけを、教師に聞きに来る。物にも命や心があることを感じない。他人の心を汲み取ることができない。物事をすべてドライに割り切り、決まり切った思考に生きている。現代の合理的・技術的思考が、物質中心の世相とあいまって、子どもの夢を破壊し、その心情を枯渇させるのであろうか。これでは人間は血の失せたロボットとなり下がり、未来社会を創造的に開拓し得るものとはなり得ないであろう。

本来、四歳から八〜九歳にわたる幼少年期の子どもには、おとぎ噺のなかの事柄は、そのまま事実として適用するものである。おとぎ噺のなかで人間になぞらえた事物や生物、あるいはその動きなどは、すべて事実として、実際のこととして考えられている。しかも、子どもにとっては、これらの事物も、単なる物ではなく、たましいをもったもの、生きているもの、意志の働きをもったものなのである。だから子どもは、たとえば「お月さま」の歌を歌うと、お月さまと話したり、兎と友だちになったりするように、事物や生物と「語り合う」こともできるし、「一緒に遊ぶ」こともできる。この主観と客観の未分化の時期を、ドイツの教育学者シュプランガーは「おとぎ噺の時期」と名づけたのであるが、言いえて妙であると思われる。幼稚園の開祖であるフレーベルは、幼児のこの特性に注目し、「遊びながら事物と共に生きる」ということを、将来の発達のために大切な梃子として重要視したのであるが、わたくしたちも、想像に満ちたこの幼少年期の固有な特性を尊重し、豊かに育ててやりたい。想像なしには創造は生まれないのである。

ところがわたくしたちは、とかくこのことを忘れ、子どもの夢を育てないばかりか、かえってそれを踏みにじっていることも少なくない。たとえば、お湯が沸騰して蓋が動いている薬罐を見て、子どもが「あのお薬罐、笑っている」などと言ったとき、わたくしたちは「何を言っているの。お薬罐など笑わないわよ。お湯が沸騰して百度以上になると、あのようになるのよ。沸騰、百度、よく覚えておきなさい」などと、言ってはいないだろうか。たとえ子どもを将来科学に強くしようとしても、早くから科学の知識を与えては無意味なのであり、むしろこの時期に、子どもを十分に自然に親しませ、まるで友人に接するかのように、自然と語りかける機会をつくり、そこから素朴な驚きや疑問の心を抱かせることが必要なのである。今日の子どもたちに、もっと「おとぎの世界」を取り戻してやりたい。自然との親しみ、おとぎ噺や民話、わらべ唄や伝承的な遊びなどは、現代っ子にあっても、もっとも好まれるものなのである。

（『京都新聞』昭和五七年一二月五日号）

(8) 禁止より奨励を

本県における青少年非行は、昭和五七年度には、大きな問題はいくらか影をひそめたかのように見える。とはいえ、万引や薬物乱用、不純異性交遊はいぜん増加し、その一般化的傾向――ごく普通の中流家庭の子女の非行の増大――が強くなっている。関係者のあらゆる労苦にかかわらず、青少年非行の増大は、今なお歯止めがきかないかのようである。

しかしわれわれは、あくまで忘れてはならない。今日の青少年が非行に走っていても、また、その傾向性をもっているとしても、彼らがみずからのうちに豊かな人間性の萌芽をもっていることを。

事実、昨年秋に行われたＮＨＫ「青年の主張」滋賀県大会では、非行に走って高校を退学した青年が、二年後にはそれを自分で克服して復学し、将来は教育者になるべく勉学にいそしんでいることを、何のきらいやかくしごともなく述べ、みごと優良賞を得た。また、怠学を続けていた某女子高生が、あるとき、学級担任教師に老人ホームへ連れていってもらったことから、そこへの慰問と奉仕に生きがいを見出し、毎日欠かさず登校するようになったことも聞いた。

青少年非行の対策にばかり終われていると、彼等のすべてを悪と決めつけ、禁止事項ばかり強めていくことにもなる。善の方向をも見出し、それを伸ばしていかなければならないのである。

幸い最近の文部省調査によると、滋賀県下の児童・生徒の体位向上は目ざましく、高校男子の身長は全国第一位であるという。「くにびき国体」における少年選手の活躍も目ざましく（全国第九位）、学校での部活動などの成果としてよろこびたい。

また、昨年九月に行われた「少年の主張大会」（滋賀県青少年育成県民会議主催）では、中学生たちが、純真で、明朗で、堅実で、建設的な意見を堂々と述べ、われわれおとな自身が反省させられ、教えられた。さらに、昨年一二月に行われた「草の根善行表彰」（京都新聞滋賀本社主催）では、日常生活における何気ない行為によって社会全体を明るくしてくれている児童・生徒の善行が多く披露され、深い敬意と感謝の念を表せずにはおられなかった。教育困難事情が憂慮されているなかでも、関係者の熱意と努力によって、やはり育つべきものは育っている。

われわれは、非行防止のための取り組みと共に、今日の青少年が、いくたの困難が予想される二一世紀を、心身共に健全で、豊かな心と広く深い知性をもって自主的に判断し、たくましく創造的に開拓していくことができるように育てていかなければならない。このためには、青少年の体育的・文化的活動と社会参加を促進することも必要である。

さらに重要なのは、青少年が良書に親しみ、洗練された芸術文化に接するように配慮し、彼等の価値感情を高め、未来に理想をもって生きるように育てることである。とりわけ今日の社会環境のなかには、青少年の低次な本能を刺激し、悪の道へ駆り立てるようなものが、あまりにも多すぎる。青少年のうちに批判力・抵抗力を育てることがより以上になされなければならない。このためには、あれもいけない、これもいけないと禁止するだけでなく、むしろ、これをしよう、あれをしようと積極的に奨励して、価値あるものとの出会いを進めていくことが肝要なのである。

(『京都新聞』昭和五八年三月二〇日号)

(9)「うみのこ」の就航に寄せて

県民待望の「うみのこ」、つまり「びわ湖フローティングスクール」に活躍する学習船が去る七月五日に進水式、八月二日に開校式ならびに就航式をあげ、現在、研究航海運航を行っている。全国に例のない大事業であるだけに、就航にいたるまでの関係者のご労苦は、並みたいていではなかったと思う。

過日、わたくしも試乗した。さすが全長六五メートル、型幅一二メートル、計画満載吃水一メートル、総トン数九二トンという、びわ湖では最大の新型船である。揺れない、音もない。静かに、滑るかのように、碧いびわ湖を北上していく。船から見るこのふるさと滋賀の姿に、子どもたちは、どれ程、感動することであろうか。

わたくしはかつて何回か参加し、船内で青年たちと寝食を共にした「滋賀青年の船」のことを、懐かしく思い出していた。それに使われた「はり丸」は観光船であり、学習や宿泊の設備はない。船上での講義や学習では声が聞こえにくかったし、特に船倉の部屋ではエンジンの騒音に悩まされたのである。

しかし、「うみのこ」は学習と安全の面には、可能な限りの配慮がなされている。どの船室でも学習は可能であり、睡眠を妨げられることもなさそうである。

この「うみのこ」が、来年の四月から、県下の小学校五年生全員を乗せて、訓練のために就航する。平素はおだやかなびわ湖であっても、風浪のきびしい日もあろう。過保護のなかで育っている子どもたちには、苦しいこともあるかもしれない。しかし、地上から遮断され、船底一枚下は地獄と言われる船での生活は、人間関係を異常な程に結びつけるものである。「青年の船」でも全員が感動の涙のなかで閉講式を終えたのであるが、それから何年かを経た今でも、同窓の集いがもたれている。「うみのこ」で訓練された子どもたちも、きっと、これを終生忘れ得ぬ想い出として、友情の輪を拡げてくれることであろう。

湖国の小学校で学んだすべての者が、母なる湖の上で船内宿泊するという共通体験をもつことだけでも、県民の連帯感情を育てる上からも有意義である。

とは言っても、このフローティングスクールを、子どもが船でびわ湖を遊覧したということだけに終わらせてはならない。規律ある集団訓練と効果的な体験学習によって、びわ湖から世界を眺め、世界からびわ湖を考えながら、たくましく未来を切り開いていくことのできる基礎的能力を、子どもに育てていくことが必要である。

もとよりこのことは、船上での二日間だけでなされるものではない。幼稚園・保育所からの積み上げが大切であるし、さらに、中学校・高等学校での発展が考えられなければならない。つまり、少年自然の家や希望が丘など青少年施設での訓練との関連をも計りながら、フローティングスクールを中軸とした集団訓練や校外学習・体験学習の体系化・系統化を行うこと、究極的には滋賀県に独自な教育体系をきずき上げること、これがなされてこそ、十数億円もの巨費を投じて意欲的になされる県の大事業の目的が達成され得るのである。フローティングスクールの開講が、滋賀県教育の新しい船出となることを、祈ってやまない。

（『京都新聞』昭和五八年九月四日号）

⑽ 文化の月に思う

今、「文化の日」を中心に、各地で文化祭りが行われている。地域の文化祭は、近年、とみに盛んとなり、地方の小さな字集会所に「××学区文化祭」という看板が掲げられ、高齢者手づくりの盆菊などが展示されていることさえある。一一月は、まさに「文化の月」と言ってよい。

日本国憲法第二五条は「すべての国民は、健康で文化的な最低限度の生活を営む権利を有する」と謳われている。つまり、国民のすべてに対して国家が保障する最低限度の生活が、健康で文化的なものでなければならないと言うのである。もとよりこのことは、いわば「棚からぼた餅」のように与えられるものではなく、全国民の孜々《しし》たる生の営みによって築き上げられていくものでなければならない。とするならば、わたくしたちは真に「健康で文化的な最低限度の生活」が果たして営まれているであろうか、また、そのための努力や取り組みがなされているであろうかということについて、つねに反省し、吟味し、その在り方について考える必要がある。これは、国民としての責務でもあろう。

ここで当然、いったい「健康で文化的な生活」とは、「文化」とは、さらにその「最低限度」とは何か、ということが問題となる。しかし、今、このことについて述べるいとまはないし、また、性急に結論づけるよりも、みんなで考え合い、積み上げていくことがのぞましい。それだけに、日常生活の吟味と点検が必要となる。

とは言っても、忙しく、慌ただしい毎日である。ついそれに流されがちとなりかねない。とすれば、せめて年に一度ぐらいは特にこのことについて思いを馳せ、静かに考えることに努めるべきではなかろうか。そこで考えられたことを、たとえそれが細やかなことであっても、日常化していくのである。わたくしは「文化の日」の意義を、ここに見出したい。

したがって、この日を中心に展開される文化祭も、単に出演・出場、あるいは聴衆・観衆ということだけに終わることなく、これを通じて、「人間として生きる」ことの意味について考える機会とならないだろうか。

最近は、郷土の自然や歴史的文化ないし民俗文化にかかわるものも、文化祭のプログラムのなかに取り入れられるようになって来たとはいえ、まだ一般的に、芸術・芸能文化祭の色彩が強い。余暇を利用してなされた芸術・芸能活動の効果が、ここで発表されることは、おおいに結構であり、人間性回復の意味からもさらに奨励されるべきことは、言うまでもない。しかし、当グループの温習会と同種なものが文化祭のなかでなされるだけでは、芸がないのではなかろうか。統一テーマのもとに内容に工夫をこらすとか、ジャンルの異なるグループが合体して総合芸術的なものを試みるとか、地域をあげて行う文化祭にふさわしいものにするやり方が、いろいろと考えられる筈である。生活文化にかかわるものも、もっと取り上げたい。

ともあれ、文化祭が、文化のある生活の創造、文化の息づくふるさとづくりの起爆剤となることがのぞまれる。文化は有閑人の玩有物ではない。それは本来、歴史的・社会的現実のなかで、より真実な生を築き上げようとする、人びとの共同活動と相互作用から築き上げられるものである。地域の全住民の連帯感に基づく日常生活の営み、その向上への取り組みのないところには、真の文化は生まれて来ないし、その創造発展もあり得ないのである。

（『京都新聞』昭和五八年一一月二七日）

⑾ 親と子のまちづくり

「当地へ転居して二年になります。子どもにふるさとをつくってやらなければなりません。子どもが将来どこに住むようになっても、根なし草にしたくないからです」

新住宅街の若い主婦から、数ヵ月前に聞いたこの言葉が、まだ耳に残っている。転居して来たばかりで、地域のことは何も分からない。しかし彼女は、あみだくじで偶然に子供会の世話人に選ばれてからは、先輩の助言を得ながら、仲間と共に、町内を一軒一軒歩き回り、子供会の活動を育てて来た。

毎月行われる児童公園の清掃、活動資金を得るための廃品回収、夏休みのラジオ体操や地蔵盆、児童の発表会など、恒例化している諸行事を実施していくだけでも大変である。しかもそれらを、いわゆるおとな主導型でなく、児童みずからの企画立案、実施となるようにしていくためには、かえって細やかな配慮と助言指導を必要とする。

彼女らは、郷土愛は郷土の理解から始まると考え、夏期キャンプや親子ハイキングも、遠出をやめて、地域の周辺で実施した。町内の未建築の土地を借り受け、慣れない手で掘り起こし、芋苗を植えつけた。やがて収穫。幸いにも出来はよく、みんなの喜びは大きかった。その喜びと感謝の気持ちを便りにしたため、収穫物を地主に宅送したときの嬉しさは忘れられないと言う。

「この一年間、子供会に明け暮れた感じでしたが、やってよかったと感謝しています。今では町内のどなたとも話ができますし、どの子も〝おばチャン〟と親しんでくれます。時たまある子が危険なことなどをしているときに声をかけても、素直に聞いてくれます。もし子供会のお手伝いをすることがなかったら、わたしの家族のことしか考えない人間に終わってしまったことでしょう。教育ママになってしまって、子どもも不幸にしたかもしれません」。この主婦は、しみじみと語ったのである。

右に述べたのは、きわめて新しく開かれた住宅地の活動例に過ぎないのであるが、樽神輿をかつぐ子供祭り、地蔵盆、凧揚げ大会などの子供を主体にした地域行事の創設、町内の清掃や緑化、高齢者との交流などの青少年の社会参加活動などが、各地域の状況に応じて、多種多様になされるようになってきている。

この主の取り組みは、各町自治会単位で行われているだけではない。たとえば「××コミュニティ・

クラブ」は、学区全体に呼びかけて有志を募り、活発なヴォランタリー活動を行っている。早朝からバス停に立ち、子供の交通安全指導をも兼ねて、通学者・通勤者に「オハヨウ」と明るく声をかける。最初はつっぱっていた中・高生も、いつかはそれに応えるようになり、やがては路上で会っても挨拶を交わしている。

社会生活の急激な変化のなかで、都市化の傾向は著しく、地域連帯はますます希薄なものとなっていく。そのことが、青少年の人間形成にさまざまな問題を投げかけている。青少年の健全育成のためには、何よりも、地域住民の連帯性を強化し、その教育力を高めることが肝要である。親と子のまちづくり運動を、全県的なものにしたいものである。

（『京都新聞』昭和五九年三月四日）

⑿　歴史を尊重する

東京都に、先生方によって自主的につくられている社会科教育の研究会グループがある。このグループは、毎月、例会を開き、真摯な実践研究を継続的に進めているのであるが、毎年、夏休みには、夏期巡検と称し、教育内容にかかわる特色ある全国の史跡や地域を歴訪している。指導を確かなものにするためには、教師みずからが現地を実際に視ることが必要であると考えるからであるが、彼等はまた、そこから新しい指導の内容や方法を開発しようとしているのである。

その一五回となる彼等の夏期巡検は、昨年「織豊の近江路」の素材開発として行われた。四十名に近い一行は、文献等による周到な事前研究のもとに、朝倉城址を経て湖北に入り、まる四日間、滋賀県内の古戦場、城址、神社・仏閣など、織豊に関わる二八ヵ所もの史跡を踏査したのである。彼等の足は、秦荘町の目賀田城址にまで及んでいる。これによっても、彼等の事前研究が一通りのものでなかったことが分かるのである。現地では、徳永真一郎・渡辺守順氏をはじめ、多くの郷土史家から講義をも受けた。わたくしは当初からこの巡検の相談を受けながらも、公務のために同行できなかったことが、残念でならない。

この巡検記録が、過日、礼状とともにわたくしに送られて来た。わたくしは、彼等が水と緑にしみる近江路に感銘し、今も好感を持ち続けていてくれることを嬉しく思った。彼等は往時を偲びながら、こもごもに踏査した二八ヵ所の歴史・教材的意義を語っている。ふるさと近江がこれ程にまで大きな意義をもっていることを、改めて教えられた思いがする。この地に生まれ、居住しながら、ふるさとのことをあまりにも知らなさ過ぎる自分が情けない。その思いのなかで次のような記述を読んで、ハッとさせられたのである。

「目賀田城は、……現在は公民館が建設され、その片隅に石碑がたっているだけであるが、回りはきれいに整備されていた。……」彼等は、地域の人びとが、目賀田城址を先祖に関わるものとして大切に守っていることに、大きな感動を覚えている。

これに対して、より歴史的に重要とされる某城址を見て、唖然としているのである。「××城址を見た時は、唖然とした。これはあまりにもむごい。ごみ捨て場の隣りに建っている小さな石碑が、あの○○の××城址だなんて。名もない目賀田城址の方がよほどまし（失礼）である……」「××城は、……その壮美なるには眼を驚かすと言われる程の城であったと言う。今は小川のほとりに、〝××城址〟の石碑が一基建てられているのみである。しかも石碑の前はゴミ集めの場所となっていた。敗将の悲哀と言ってしまえばそれまでかもしれないが、歴史の重みが消し去ってしまっているようなたたずまいであった。…」

彼等には、酷暑のなかを歩いてわざわざ訪ねただけに、この両者のアンバランスがきわめて印象的であったらしい。この城址がどこであるかは、ここでは言わない。特別にこの巡検に参加した一中学生が「日本中でも、こんな様子のところがたくさんあるのではないかと思った」と言っているように、わたくしたちの身元には、その重要性が全然顧みられることなく放置されたままの史跡・文化財等が相当あるのではなかろうか。他を攻めるよりも先に、みずからを省みたい。郷土愛はふるさとの歴史と文化を知り、それに誇りをもち、みんなでそれを保護していくことから育っていくのであろう。そうして、この郷土愛なしには、人間は根なし草に留まるのである。

（『京都新聞』昭和五九年五月二七日）

四　学校教育を見直す

(一) 今日の教育困難状況について考える

はじめに

平成一一年八月一二日付けで文部省が発表した「学校基本調査」によると、昨年度に不登校で三〇日以上学校を休んだ小中学生は、全国で一二万八千人と過去最大を記録した。同省はまた、その翌日、小中高校の児童・生徒が同年度に学校内で起こした「暴力行為」が約三万五千二百件と、これまた過去最多であるとする「問題行動調査」の結果を発表した。これは、最近、大きく問題となっているいわゆる「学級崩壊」とも考え合わせ、由々しきことである。警察庁文書でも、最近の少年非行には、「〝普通の家の子〟が短絡的な動機から、〝いきなり〟強盗等の重大な非行に走るケースが目立つ」とされているのであるが、その少年非行も今や凶悪化して、殺傷事件にまで及んでいる。今日の教育は、まさに危機に直面していると言わなければならない。これをどのように建て直していけばいいのか。それは小手先での教育技術で解決されるものでは、とうていなかろう。

このような状況を生み出した背景には様々な要素が複雑に錯綜しており、この原因となるものを一概に言うのは難しい。しかし、子どもの問題はあくまで大人の責任である。われわれはこの原因や責任を他に転嫁することなく、皆が自分自身の問題として捉え、その根本的な解決の途を探り出していかなければならない。

① 今日の社会的風潮

戦後、我が国は、その廃墟の中から立ち上がり、見事な復興をなし遂げて世界の経済大国として発展した。科学技術の進展はめざましく、それを駆使して生活面での華やかさ、便利さ、快適さをいやが上にも上昇させてきた。しかし、この高度経済成長があまりにも急速になされたため、その内面的深化がそれに伴わなかったことは否めない。そこでは、物や量、金銭の面が偏重されて、心や質、意味の世界は軽視された。これとも関わって、個人主義的、享楽主義的な風潮が風靡し、価値観も混迷した。緑の山野や美田には容赦なくブルドーザーが入り込み、工場や宅地に変えていった。それが物質的繁栄を促進してきたとはいうものの、反面、大自然に対する畏敬の念やその無限の恩恵を忘れさせ、行き過ぎた開発によって自然環境は破壊され、生態系の混乱をさえもたらした。特に問題なのは、世相の悪化と混乱である。自己の判断基準が公共の福祉や人間としての善悪によりも利便性や効率性に置かれ、自分の欲望を満たし利益を上げるためには手段を選ばず、それが他人に知られさえしなかったならば怖ろしいものはないし、たとえ知られても、うまく誤魔化したり言い逃れをするという不遜な人間を生み出してもいったのである。このような現状に不満や悩みをもつ若者たちは、安易にカルトやオカルトに救いを求めていこうとする。犯罪も増加し凶悪化するばかりか、その内容も薬物や情報機器を駆使したり、来日外国人による組織的な麻薬や武器の密輸とも関わって複雑化しているのである。

今日、この経済成長にも陰りが見られ、バブル経済が崩壊し、金融破綻等が相次いで生じた。不況からの脱出はまだなされていないし、政治の混乱も続いている。我が国はいずこに進もうとするのか、その先行きはいぜん不透明であると言わなければならない。

第一六期中央教育審議会答申『新しい時代を拓く心を育てるために』（平成一〇年六月三〇日）の副題は「次世代を育てる心を失う危機」とされているが、この危機を招いた原因は、まさに上記のことにあると言う他ない。その答申には「子どもたちに豊かな人間性がはぐくまれるためには、大人社会全体のモラルの低下を問い直す必要がある。我々は、特に、次のような風潮が、子どもたちに大きな影響を及ぼしていると考える」とある。すなわち、

1. 社会全体や他人のことを考えず、もっぱら個人の利害得失を優先すること。
2. 他者への責任転嫁など、責任感が欠如していること。
3. モノ・カネ等の物質的な価値や快楽を優先すること。
4. 夢や目標の実現に向けた努力、特に社会をよりよくしていこうとする真摯な努力を軽視すること。
5. ゆとりの大切さを忘れ、もっぱら利便性や効率性を重視すること。

まさにその通りである。しかしこれとも関わり、上述した産業構造の激しい変化の中で子育ての基盤としての家庭及び地域社会が変貌し、その教育力を低下したことが、子どもたちにより大きな影響をもたらしていることを見逃してはならない。

② 家庭と地域社会の教育機能

子どもの生活の場は、端的に、家庭と学校と地域社会である。これらは子どもの生活の場であるとともに、人間形成の場でもある。もとよりこの三者の教育機能はそれぞれ固有のものであり、これら固有の機能が共通な目標を目指して協働することによってこそ、十全な人間形成が可能となる。それでは、これら固有な教育機能とは何か。

Ⅰ 家庭・地域社会・学校

かつての家庭は、家長を中心として家族ぐるみで農・漁・林・手工業などの家業に携わり、自給自足の生活を営んでいた。そこでは生活と生産との場は同一であり、生活圏も狭く、外界の動きも家庭内にはあまり影響を与えなかった。そこには封建的な上下の身分関係が厳として存在しており、ともするとそれによって個性の自由な発現が妨げられがちであったかもしれないとしても、家族の全構成員のあいだには親密な有機的つながりがあって、朝な夕なの共同生活の中で、自然に教育機能をも果たされていた。ペスタロッチーも言っている。「満足している乳飲み子は、この道において母が彼にとって何であるかを知っている。しかも母は、幼児が義務とか感謝とかという音声も出せないうちに、感謝の本質たる愛を乳飲み子の心に形作る。そして、父親の与えるパンを食べ、父親とともに囲炉裏で暖まる息子は、この自然の道において子どもとしての義務のうちに彼の生涯の浄福を見つける」と（『隠者の夕暮』長田新訳、岩波文庫）。このような親子関係を基にして、家庭は「人類のもっともすぐれた自然の関係」として、「人類のすべての純粋な自然的陶冶の基礎」をなしていたのであり、そこでは朝な夕なの生活や労働を通じて、「心情陶冶としつけ・訓育と労働生活への導入」（シェルスキー『産業時代における学校と教育』一九七五）が機能的・臨機的に養われていたのである。

そればかりでなく、子どもたちの家の周りは大自然であり、彼らはその中を思う存分に駆け巡り、無意識のうちに自然を見る目を育てられ、健全な身体を鍛え上げた。自由な遊びや作業の中で、想像力や工夫力、発明力を含む基礎的な諸能力を身に付けることもできた。また、近所の友だちとは小さい時から一緒に遊び、集団生活に慣れていったし、その中で楽しく過ごすためには守るべききまりに従うことが大切であることをも学んでいった。村祭り、花祭り、地蔵盆などの地域行事にも参加したし、年長者から伝統的な遊びや地域の風習、伝統、文化などをも教えられた。さらに地域住民は互いに知り合っており、子どもが悪いことや危険なことを行っていると注意もし、地域の子どもは地域の皆で育てていった。両親が所用のために家を不在にしなければならない時には、近所の人に子どもを預けてもいた。この意味において、地域社会はその自然環境や歴史的・文化的環境をも含めて、人間形成のための大教場だったのであり、そこでは、「健康力」と「集団生活の基礎」、さらに学校での教科等の学習に不可欠な「根源的な体験」が育てられていたのである。

学校教育はこの家庭と地域社会における生活や体験を基盤としてなされたのであり、フリットナー（W.Flitner, 1889〜1950）も言うように、「学校が付加しなければならなかったものは、特に規律と精神的集中と、それから初歩的教科の学校的な技術と学問的に思考の行われる精神的世界との出会いであった」（「生活と教育」一九五六）のである。

Ⅱ 家庭・地域社会における教育力の低下

しかし、今日の家庭は産業構造の変化とともにその性格を変えてしまった。すなわち、シュプランガーの言葉を借りるならば、「人間は家庭の外でパンを稼がなければならなくなったが、しかしその時、家庭の外でパンを買いもしなければならなくなった」のである（村田他訳『人間としての生き方を求めて』東信堂、平成八年）。つまり、家庭は「生産共同体」から「消費共同体」へと大きく変化した。一家の長であった父親は家庭外労働に就き、労働の場と生活の場とが分離された。このことによって確かに、父と子、夫と妻との関係は、これまでの支配的関係から仲間社会的な関係へと変わり、職業選択や結婚の自由が認められるなどの積極的な可能性をもたらした。しかし、父親の働く姿を見たことのない子どもの意識から「父親像」が喪失したことは否定できない。やがて母親も家庭外労働や社会参加活動に従事するとなれば、夫婦ともに子どもに接する機会を減少させていく。家族全員が顔を合わせ、憩いやまどいや団欒のひとときをもつ機会さえも、ほとんどなくなった。しかも、高度大衆消費時代の波は、滔々と家庭に侵入する。電気耐久消費財の発達と日常品の大量生産（下着やインスタント食品）は、家事労働から解放するが、他方、手作りでの衣食がなくなり、生活を画一化し、単調にするばかりか、家族間の愛情や温もりを失わせていく。テレビやインターネットは世界の文化や娯楽を茶の間に運び入れるが、家族で共同して行う遊びやお伽噺し、子守歌、童歌を忘れさせていく。ともかく、「家庭生活の外面化」と「家庭の内部における自己疎外と孤独化の危険」を生じさせたことは否めない。このような家庭生活の中で、フリットナーも、「模倣のための模範と共働のための示範。この一番簡単で一番根源的な教育法、それはどこで用いられているだろうか」（上掲論文）と言っている。

さらに産業構造の変化は、居住地としての地域社会と生活様式とを根本的に変化させた。都市への人口集中、農村の都市化、自然の破壊など、外的な変化はもとより、人間の内的な意識も変化し、とりわけ地域連帯感の希薄化は著しい。居住地は寝に帰るだけの場所となり、隣家との付き合いさえも煩わしいものとして極力避けられ、隣家の人に道で会っても挨拶もしなければ言葉も交わさない。ひたすら個人的な生活の享受を求めている。そうして、地域に何か問題があると地域住民として当然なすべきことまでも悉く行政に要求し、その実現を強く求めていく。地域住民が打ち揃って行う行事も少なく、子どもは近所の友だちと戸外で遊ばず、室内遊戯を楽しんでいる。この傾向は、旧来からの地域にあっても、都市化の傾向の中で進行しており、地域の教育力はきわめて弱体化しているのである。

学校は、本来、家庭や地域社会では教えることのできないもの、すなわち、知識・技能の伝達を中心的な任務としてきた。しかし、上述したように、家庭と地域社会の教育機能が著しく低下した今日にあっては、学校はそれからもたらされた欠陥を補うことが必要となり、フリットナーも言うように、「学校は、その特別な任務以外に、どうしても人為的施設によって、家庭と郷土との基礎陶冶の欠陥を補うという、それ以上の任務を引き受けなければならない」（上掲論文）のであり、シュプランガーも「より大きな教育的責任が学校に転嫁されざるを得ない」（上掲訳書）と言っている。

③ 教育の再建のために

Ⅰ 家庭の再建、とりわけ母性愛の再認

上述した家庭の教育機能の希薄化が子どもに及ぼす影響については、すでに学校でのいじめが目立ち始めた時から指摘されていた（文部省『児童の友人関係をめぐる指導上の問題点』一九八四年）。すなわち、

「（いじめっ子の）保護者についてみると、仕事が忙しいなど様々な理由で、子供との接触が不十分な場合が多い。その反面、子供に対して過干渉の傾向があり、口うるさく接している。その結果、児童は、保護者から世話をやかれないと勉強や手伝いなどもほとんどしない場合が多い」と。いじめだけでなく、非行に走る子の保護者についても同様であり、これは今日においても変わっていない。

日弁連子どもの権利委員会幹事の伊藤芳朗氏は、その著『「少年A」の告白』（小学館、平成一一年）の中で、氏が付添人（弁護）として担当した少年事件の該当者である三二人の少年について語り、結論的に「私は、少年非行事件につていは、一〇〇％親子関係に問題があると見ています。どんなに親と関係のないところで事件を起こしていても、ことの発端は親子関係にある」としている。

わたくしもかつて、東京目黒区で起こった一四歳の中学二年生男子による「両親・祖母殺害事件」（昭和六三年七月）と、神戸市須磨区における中学三年男子による「連続殺傷事件」（平成九年二～五月）を考察したことがあるが、これらはともに親子関係に大きな問題があった（参照、拙稿『親と教師への警鐘』下程勇吉編『親知らず　子知らず――危機に立つ親と子へ』広池学園出版部。一九九〇年。拙稿「最近の少年問題に関する一考察―神戸市少年連続殺傷事件から」『京都女子大学教育学科紀要』第四〇号、一九二〇年。拙著『日本教育の再建――現状と課題、その取り組み』東信堂、二〇〇一年。所載）。

今からすでに二〇〇年前に、ペスタロッチーは「どこに一番欠陥があるのだろうか？　それは居間なのだ」と言っている。彼によれば、「庭で育てられる美しい植物が苗床での世話や面倒を必要とし、人間が凍えないために暖炉を必要とするのと同様に」、人間の愛も、居間での世話や面倒を必要とするのである（『クリストフとエルゼ』）。ペスタロッチーの時代よりも子どもの問題がよりいっそう深刻化し、「次世代を育てる心を失う危機」とまで言われている今日、まず、変化した社会的状況に応じた新しい家庭の在り方とそこでの教育について究明することが強く求められることになる。中教審答申は「今一度家庭を見直そう」と提唱するのであるが、さらに青少年審議会答申『「戦後」を超えて―青少年の自立と大人社会の責任』（平成一一年七月二三日）にあっても、「子どもの人格形成の基礎は、家庭にある。特に、乳幼児期における親の姿勢、しつけが根本的に重要である。親は、子どもの基本的な人格形成については、学校や保育サービス等に安易に依存せず、自らに責任があることをはっきり自覚し、基本的な倫理観や生活態度、社会規範を子どもに伝達していく責務を社会に対して負っていることを強く認識すべきである」と謳われている。

この新しい家庭教育の在り方については、かつて教育学・心理学・健康学を専攻する同人との共同研究を発表したが（滋賀県教育委員会監修・滋賀県青少年育成県民会議編（責任者・村田昇）『親の願いと子どもの幸せ』ぎょうせい。一九八五年）、それは今日にも妥当するものと考えられる。ただ、青少年問題審議会の言う「乳幼児期における親の姿勢」についてだけには、述べておきたい。

精神科医神谷美恵子氏は「人生への出発点はいつかといえば、まさに受胎の瞬間とみなすべきであろう」とし、「初めて胎児の存在を自覚した母親のこころ」に注目した（『こころの旅』みすず書房、一九八二年）。最近ではフォストスコープと長音波スキャナーで母親の胎内で羊水に浮かんでいる胎児の様子を捉えることができるようになり、「母子相互作用」の意義が強調されている。そして、胎児期と乳幼児期における母子の絆が、子どもの心身の発達にとっていかに重要であるかという研究が多く出されている。まさに「三つ子の魂百まで」という我が国の諺が医学的にも確認されたと言わなければならない。

少年非行の原因が主として家庭にあるとする伊藤氏は、「〝母性本能〟なるものには懐疑的である」と言うのであるが、わたくしがこの書に紹介されている少年のことを読む限りでは、ほとんどの少年が母親への愛情を求めており、それは乳幼児期からの母親の養育態度に問題があると感じざるを得ない。あの目黒区の少年にも、神戸市の少年Ａにも、母親との絆が断ち切れていた。神戸市の事件を詳細に考察した高山文彦氏の言葉を借りるならば、乳幼児期は、「甘えることが生きていることの実感そのものであるかのような時期」（『地獄の季節』新潮社、平成一〇年）であるだけに、子どもが甘えたい時には受入れ、母の愛を確かめさせ、安心感や信頼感をもたせ、それを基盤として、時には優しく、時には厳しく躾ていくことが大切である。しかし、少年Ａの母親はそれを許さなかった。その精神鑑定書には、「薄暗い部屋で過ごし、ぬいぐるみに囲まれて眠るというＡの心象背景をめぐっては、〝愛情の飢え〟や〝子宮回帰願望〟が見られ、幼少期の発達に問題があることを示している。……また、弟たちをいじめるたびに両親からの体罰を含むきびしい叱責を受けていた事実をめぐっては、攻撃性を中心とした自己の発達と同時に、〃反省していなくても、泣けば逃げられる〃という逃避や無視の処世術を身につけることによって、独善的な思考の方法を発達させていった」と述べられている。

ともあれ神谷美恵子氏が「男女を問わず、すべての人間が母親またはその代理人の〃女性的原理〃によって少なくとも乳幼児期は育てられるという事実の重みは、圧倒的なものとしてつねにあらゆる人のあたまに入れられているべきであると思う」（上掲書）という発言は、永遠の意味をもつものと考えたい。つまり、母性愛の再認である。もとより、これを支える父親の役割を忘れてはならない。

古来、我が国では、子どもは神仏からの授かりもの、預かりものであるとされて、受胎とともに子どもは宝とされ、神仏に祈りながら手塩にかけて大切に育てられた。ところが今日では、子どもは作るものとされ、その子育ては学校や福祉サービスに任せて、自分の楽しみに生きていこうとする保護者が増えてはいないか。ともかく、自分本位の感情をまる出しにして子どもを叱りつけるばかりの母親をあまりにも多くみかける。そうして、我が子の問題行動に対しては、自らを反省し子どもを諭すことなく、かえって学校や教師に責任を転嫁して、子どもの前で教師の悪口を平気で言い、それを学校になじりに来る。その極端なのが少年Aの母親だったのである（『「少年A」この子を生んで——父と母悔恨の記録』文芸春秋社、一九九九年）。

Ⅱ地域連帯感の回復と教育力の活性化及び青少年社会参加の促進

少年Aが育った地域は、かつてなら鎮守の社が建てられる程の聖地とされた山地に拓いて造成された最大の労働者団地である。そこでは、今もマルクス・レーニン主義者を標榜しロバート・オーエンの「空想的社会主義」をこの地に実現しようとする老いた闘士を自治会長とし、その指導の下に、警察の個別訪問を警戒するところから交番や駐在所も置かない「住民自治」を目指した組織的な街づくりを行おうとした。しかし現実には、「東大通り」とか「灘高通り」とかの街路の通称が象徴するように、保護者たちは子どもの進学競争に忙しく、それに落ちこぼれた者は非行に走ったり、暴走族となって街内を駆け回ったり、シンナーを吸引する少年も多かったという（高山文彦『「少年A」一四歳の肖像』新潮社、平成一〇年）。にもかかわらず、わたくしの所有する資料からは、連続通り魔事件や土師淳君の捜査の際には自治会連絡組織が機能しているが、平素における地域の安全や青少年の健全育成に関係する活動はもとより、少年補導員や主任児童委員の動きを読み取ることができない。しかし、これは、全国のどのニュータウンでも一般的となっている現象ではなかろうか。旧地域でさえも、都市化とともにその傾向が進みつつある。

家族は、もっとも私的な、自他ともに侵したり侵されたりすることの許されない生活領域である。とはいえ、その家庭は孤立したものでは決してなく、昔から「遠い親類よりも近くの他人」などと言われているように、実際には近隣との有形無形の相互的支援関係の中で成り立っている。それがなかったとしたら、一日たりとも安心して生活できないであろう。子育ての面からも、核家族化や少子家族化の傾向が進む中で、子どもの社会化を図るためには、まず地域の連帯感を深め、子どもたちが放課後や休日に共に遊ぶことのできる場を整えなければならない。子どもたちに通学途上での安全を図ってもやりたい。核家族化が進む中で、高齢者と子どもたちとの交流の場をもち、伝統的なものの伝承がなされることも有意義である。街の汚濁と騒音の中で心に安らぎや落着きを抱くことができないとなれば、水と緑に滲み、花の香りのある生活環境を住民の手によって築き上げ、また、青少年に有害なポスターや自動販売機等に対しては、業者に自粛を促しつつ排除に努め、浄化していくことが求められる。このためには、家庭はもっと地域に開かれたものとなり、青少年審議会答申も言うように、「青少年は地域社会からはぐくむ」という視点に立って、地域住民の皆によって関係諸機関・諸団体との連携協力を図りながら、「青少年育成の基盤となる新たな地域コミュニティの形成」を図ることが大切となる。

そうして、子ども会、スポーツ少年団等、青少年に係る社会教育関係団体の育成を図り、文化や体育等の活動を推進し、さらに自然体験・勤労体験・奉仕体験等を育み、地域行事等への参加を通じて、青少年の社会参加を促していく。青少年も今日の社会を担う世代であり、それぞれの年齢段階における発達的特質に応じた社会参加を行うことによって、彼らは社会における自己の位置と責任を知り、自己の存在意義に目覚めていくのである。この地域社会における青少年社会教育活動は、特に週五日制学校園の完全実施の面からも、より促進されることが望まれる。

また、「あいさつ運動」や「声かけ運動」、パトロール活動等をも積極的に行い、地域の子どもは地域の皆で育てる、地域からは非行に走る少年は出さない、地域の安全は皆の力によって守っていくという青少年の健全育成活動と非行・犯罪未然防止の取り組み、交通安全活動、さらには地域福祉活動を展開することが大切である。先の中教審答申も、子育てのために「地域社会の力を生かそう」と呼びかけているのである。

わたくしもまた、これまで青少年の健全育成は地域づくりと表裏一体的なものと考え、このことのために「新しい故郷の創造」を主張し続けてきた。ここで言われる「新しい故郷」とは、自分の生まれたところであろうが新しく住み着いたところであろうが、また、都市部であろうが山間僻地であろうが、ともかく自己と緊密に結びついた生活の中心ないし基盤であり、しかもそこから世界に開かれた生活共同体、さらに、そこでは自他のプライバシーが尊重される中で、私的・個人的な契機と公的・集団的な契機との緊張的・離接的統一が図られている生活共同体である。このような新しい故郷を創造するために、親と子とが一緒になって汗を流し合うことを促していくのである（拙著『これからの社会教育』東信堂、平成六年）。

Ⅲ　家庭・学校・地域社会が一体となった心の教育の推進

かつての学校、特に小学校はもっと地域との強い関わりをもっていた。運動会や学芸会等の学校行事には住民たちは皆で参加したし、地域の集会や講演会、映画会、演劇会等もそこで行われ、今で言う生涯学習の中心的な場でもあった。しかし最近では、学校は何か地域から孤立し、地域住民からは遊離して、学校で起こった問題も、すべて秘密裡に処理されようとしてはいないだろうか。しかし、複雑化した生徒指導に係る問題の悉くが、学校内だけで解決され得るだろうか。かえってその解決を困難にしているかもしれない。

学校もまた、地域社会に「開かれた」ものとなり、地域から支援されたものとならなければならない。地域の特質や課題を生かした学校経営はもちろんのこと、地域の教材化や文化的・教育的施設の有効利用、地域の人材をも招聘した特別指導、学校開放のさらなる促進を講じることが大切となる。また、地域の関係諸団体・諸機関との連携を強化し、問題に応じて提携や協力を求めていく必要がある。そうして、「青少年育成の基盤となる地域コミュニティの形成」にも資していくのである。

ここで特に肝要なのは、学校と家庭との協働である（参照、シュライヒャー編・村田昇監訳『家庭と学校の協力――先進八ヵ国・悩みの比較』サイマル出版会、昭和五六年。拙編『学校と家庭、地域社会』文渓堂、平成元年）。教師は保護者と胸襟を開いて子どものことを語り合い、悩みを出し合い、相互に理解し合いながら、それぞれの責任と役割を明確にし、協力していくことを考えなければならない。授業参観や子ども・保護者・教師が一緒に取組む活動や保護者の研修会を促進するとともに、ＰＴＡ活動を充実することが求められてくる。シェルスキー（H.Schelsky,1912～）も言うように、「両親の基礎的な、人格的な権威の強化と同時に、児童・青年に対する両親の権威と学校の権威との相互的な支え合いと強化」を図ること（上掲書）が、今日、もっとも必要とされているのである。

これとも関連して、今日の学校はあまりにも多くのことを背負い過ぎてはいないだろうか。学校が、生涯学習体制の理念の下に、学校教育の独自的課題ないし機能を明確にし、家庭や地域社会、あるいは他の教育的機関等で本来なされるべき事柄は、徐々にそこに返していくことを考える必要がある。学校教育にもっと心のゆとりをもたせたいのである。

これらのことが行われるためには、何としても全教職員が学校の教育方針を共通理解し、一体となって一貫した対応を行っていくことが肝要である。バラバラの対応は子どもや保護者の不信を招く。これまで教育困難校とされた学校では、とかく教職員間でのイデオロギー対立のために、それがなされ難かったことは否めない。個々の教職員のもつ政治的・宗教的信条は尊重されなければならないが、公教育としての中立性はあくまで厳守される必要がある。わたくしはここで、「もしこの子が自分の子であるならば」という、いわば一人の親としてのごく当たり前の常識感覚に立ち返ることを提唱したい。イデオロギーや高踏な理論からの討論ではかえって子ども離れし、対立も深まろうが、人間教育者としての良識に基づくものであるならば、全員の合意に至ることは容易であろう。これからの地域に開かれた学校では、様々な立場からの様々な意見が寄せられてくるであろう。それだけに教職員は、いかなる意見に対しても謙虚に耳を傾け、取るべきことは取りながらも、学校教育の理念と方針を堅持し、毅然とした態度をもってその実現に当たらなければならない。この意味において、これからの教職員には確固とした人生観・教育観をもつことがより大切となる。特に校長等教育管理職の識見とリーダーシップが求められてくる。

最後に、先の中教審答申は、「未来に向けてもう一度我々の足元を見直そう」と呼びかけ、次のように言っている。

「我が国は、自由で民主的な国家として、国民が豊かに暮らせる社会を形成し、世界の平和に貢献しようとする努力を続けてきた。また、我が国は、継承すべき優れた文化や伝統的諸価値を持っている。誠実さや勤勉さ、互いを思いやって協調する〝和の精神〟、自然を畏敬し調和しようとする心、宗教的情操などは、我々の生活の中で大切にされてきた。そうした我が国の先人たちの努力、伝統や文化を誇りとしながら、これからの新しい時代を積極的に切り拓いていく日本人を育てていかなければならないのである」

この後半に求められているのは、まさに日本の心を育てることである。何度も指摘したように、今日の「次世代を育てる心を失う危機」を招いた主な原因は、経済優先の中で心の世界が軽視されたことにあった。とりわけ一部の勢力からは、日本古来の心が否定されたと言わなければならない。それだけに、上述されているような日本の心を蘇らせることなしには、教育困難状況は克服され得ないし、国際社会から信頼される日本人を育てることができないことになる。ここから我が国の真の建て直しも可能となる。この意味において、「心の教育」の充実がこれからの教育の最重要課題であり、家庭・学校・地域社会がそれぞれの教育機能の特質を生かしながらこれに取組むことが求められるのである。

その「心の教育」は、「自然や人間の力を超えたものへの畏敬」に基づいてこそなされ得る。これについては、平成九年度にわたくしが会長を務める「滋賀県学校道徳教育振興会議」で審議し、滋賀県教育委員会に提案した（『道徳教育振興だより――人間の力を超えたものへの畏敬の念を深める』滋賀県教育委員会、平成一〇年三月）。わたくし自身もこれまで、『日本教育の原点を求めて――伝教大師と現代』（第二版）（東信堂、平成四年）、『「畏敬の念」の指導――こころ・いのち・体験』（明治図書、平成五年）、『生きる力と豊かな心』（東信堂、平成九年）、『心の教育の充実を求めて』（現代教育研究会、平成一〇年）等で述べてきた。江湖のご批判をお願いしたい。

（『私の教育論』尚志会、平成一一年）

(二) 基礎・基本の徹底

(1) 創造的知性の育成——基礎・基本の教育

今日、知育偏重という声が高い。確かに、学校では、教師は多くの、しかも程度の高い教材を、子どもが理解していようがなかろうが、ともかく教え込むのに忙しく、それに呼応してか、巷には家庭教師や学習塾が大流行している。それが進学競争によって拍車をかけられながら、子どもたちは、青少年固有の生活を放棄して、宿題やワーク・シートの解答に汲々としているのである。校内暴力を頂点とする青少年非行の増大も、これと無関係ではなかろう。しかし、ここに見られるような知識の単なる注入や機械的暗記が、果たして知育なのだろうか。

―

木村素衛（一八九五〜一九四六）は、「知識そのものをではなく、特に知育を問題にするということは、知識を一つの客観的事実として単独にではなく、却ってこれを産み出した主体及びこれを受け取る主体との連関において、すなわち知識を生きた主体との結びつきにおいて考察するということと離れないのでなければならない」と言っている（『形成的自覚』弘文堂、一九四一年）。知識は生ける人間の生活の中から生まれ、思考され、純化されたものであるとは言え、その抽象性、法則性、概念性は免れない。しかも、科学の著しい専門化は、知識を細分化し、その量を増大させ、その質を高めていく。さらに、今日の科学は、実証主義の強い影響のもとに、「没価値性」を強めていく。これが学校で教えられなければならないとしたら、とかく抽象的・断片的な知識の伝達となりかねないであろう。しかし、これは知育とは似て非なるものなのである。

木村素衛の「知識を産み出した主体とこれを受け取る主体との連関」という場合の主体とは、科学者にせよ児童・生徒にせよ、また、この両者の仲介をする教師にせよ、全我的な人格体であり、したがって、客観的事物として単独に存在する知識を、生ける人格体の所産として捉え、それに還元することの必要性を唱えていると言ってよい。つまり、知識が全人間性の諸力や五感の働きに支えられ、具体的意味内容を伴って理解され、価値方向をもって生きて働く力となっていなければ、真の知育とは言い得ないのである。知識がこのように、感覚、感情、衝動、意志などとの連関を含み、全体的な人間の作用となるとき、それは初めて「知性」と言うことができるであろう。したがって、知育とはまさしくこの知性の育成を目指すものなのである。

知育をこのように捉えるとすれば、知育偏重を問題にするよりは、むしろ、現代の学校教育が真の知育を果たして行っているかどうかが問われなければならない。知育偏重という巷の批判のもとに学校が知育を軽視するようなことになるとしたら、学校はその存在理由をなくしてしまうであろう。学校は、あくまで知育を中核とした全人教育の場でなければならないのである。特に現代は情報化社会、高度知識社会などと呼ばれている。「二十一世紀は人類の生存か破滅か」とまで言われているほど、未来社会には至難な問題が渦巻いている。この中で人間が人間として主体的に生き抜き、人類の幸福を築き上げていくためには、高度な知性を必要とする。生涯教育が要請される所以でもある。学校教育の中で、この基礎が十分に培われていなければならないのである。

二

かつてデューイ（J.Dewey, 1859～1952）は、その著『経験と教育』（一九五〇年）において、「伝統的学校の教科は、成人の判断を基礎として年少者に有用――時にはその将来にも有用――であろうと思われるものを選択し整理した教材から成り立っていた。それゆえ、学習させられるべき材料は学習者の現在の生活経験から成り立っていた。その結果、それは過去を取り扱わねばならなかった。それは過去の時代において人類に有用であると証明されたものであった」と述べている。この言葉は、伝統的学校を批判し、経験主義に立つ教育を提唱するためのものであるが、ここでは経験主義の教育の是非は論じない。しかしここに、子どもの未来を尊重する余り、著しく過去の文化財の習得にのみとらわれ、知識の伝達に忙し過ぎた旧教育の姿が示されていることに注目したい。

これでは、変化のない、安定した時代にあっては、役に立ったかもしれない。しかし、その社会を変化させ、進歩させるためには、有効に作用しなかったであろう。まして、今日のように変化の著しい、不安定な社会にあっては、これで教育された人間は、ともすると適応さえもできないかもしれないのである。従来、知育とは、とかく過去の文化財の中から選ばれた知識や技能の習得とみなされ、それはえてして注入と暗記によってなされがちであった。だからそれが真に身に付いて生きて働くものとはなり得なかったのである。

今日の文化や社会の内容は、加速度的に進歩の速度を増し、一刻たりとも固定不動のもの、完成したものとして自己を主張し続けることを許さず、そのままではすぐに間に合わなくなってしまうかのようである。この中で生き抜くためには、既成の、いわば死せる知識や技能の単なる習得よりも、むしろ、それらの知識や技能を状況の変化に即して、自らが修正し、高めていく、あるいは創造していくという、発展的・創造的・力動的な能力が大切となってくる。そうして、思考の結果よりは思考の過程が、科学的知識の注入や暗記よりは、科学的な物の見方や考え方や研究の仕方が、言うならば、シュプランガーのいわゆる「考える手・判断する目」が陶冶されなければならないことになる。つまり、思考しながら行為し、行為しながら思考する力と、一つの事象のなかにも本質を見出し、それを的確に判断し決定し、実践し得る力をもつことがのぞまれるのである。これを「創造的知性」と言ってよい。創造的知性に培う知育の在り方が、今日、求められているのである。

三

われわれは創造的知性を育成するために、単なる知識や技能の注入を問題視するものであるが、しかし、このことは、デューイのいわゆる「過去の時代において人類に有用であると証明されたもの」を万事否定することを意味しない。創造は決して無から産み出されるものではないからである。

シュプランガーは、「基礎的なものの効果性」という小論文（一九五〇年）の中で、「いかに複雑な文化でも、もっとも単純な原的形式に還元することが可能である」と述べている。たとえば、現代の機械は、素人では差し当たって洞察し得ないような非常に複雑な形成物であるが、しかし、その各々の中には、某《なにがし》かの最も単純な根源思想、すなわち、発電や運動操作並びに起動力等の根源形式が含まれていて、それらがつねに新しく組み合わされている。そうしてまた、人間の手仕事もすべて、煮沸や液化、糸紡ぎと機織、釘打ち、粘着、研磨、裁断、鋸挽き、自然の諸過程への干渉等の根本形式に還元され、これらのすべてのものが、なお、現代の技術の中に保持されていて、以前には予想だにもされていなかった組合せや増強がなされているに過ぎない。だから、このような根源的な技術的発明と利用とを理解したひとだけが、結局、現代の進歩した技術を理解することができるのである。シュプランガーは、こうした考え方を、自然界にも、精神界にも、また、政治、経済などの社会科学的領域の世界にも適用して、先ず第一に、最も単純素朴な、そうして最も基礎的な根源現象へ還元することの必要性を述べ、「一切の理解は、最も単純なものから、すなわち、基礎的な意味連関から出発する。そうしてのみ、このようにして理解されたもののみが、たましいの中で働き続けて実を結ぶのである」と結論するのである（拙訳『教育学的展望』）。

シュプランガーのこの考えは、あの「範例教授・学習」の理論に大きな影響を与えたものであるが、その代表者であるヴァーゲンシャイン（M.Wagenschein, 1896～?）も次のように言っている。「われわれを不安げに倉庫に満たせる、幅広い静的な安全性と言う偶像にかわって、われわれは明らかに、何か親しいもの、根源的なものへの決定的な発現を求めている。最後の結果の完全性ではなくて、根源的なものの無尽蔵性をである」と。そうして彼は、あれもこれもと多くの知識をもれなく教え込むのではなく、「隙間への勇気、徹底性への勇気、根源性への勇気」をもって教授活動を行うことを提唱する。つまり、いわば「全体の反映」ないし「全体を担う重心」を意味するような一つの典型的な範例を選択し、それの教授・学習によって得た認識を、他の同じ条件や領域の場合にも転用して、徹底的に理解させようとするのである。これはブルーナー（J.S.Bruner, 1915～）の主張する「教育内容の構造化」の理論とも軌を一にするものであろう。

もちろん、自然認識とは異なり「繰り返し」のきかない「一回性」を特質としている歴史的認識や文学的理解の場合には、「範例」というものが成立するかどうかは問題であろう。科学的認識では「範例教授・学習」や「構造化」が成立するが、しかし、歴史的教材では、いくつかのエポック・メイキング的な歴史的現象に内容を「濃縮化」し、それらをいわば団子に見立て歴史の流れという串に刺すような仕方が、さらに文学、芸術では「価値浸透性」のある内容のものに「精選」することが考えられる必要がある。

ともあれ、創造的知性を育成するためには、教材を思い切って精選し、教科の真に「基礎・基本」となるものを徹底的に身に付けさせながら、同時にそれを通じて「考える手・判断する目」を育てていくことが肝要である。その具体的方法については述べるいとまはない。しかし、だれかが言っている。「偉大なる真理はすべて単純である」と。

（『中学校』全日本中学校長会、第三七九号、昭和六〇年二月）

(2) 個性・創造性の伸長と「基礎・基本」

一

かつて某中学校で、一年生の社会科の授業を視たときのことである。それはＮＨＫ放送教材「日本の地理」を利用したものであった。番組内容は「近江盆地」。そのシリーズは一地方から二地域が題材として選択されており、日本全体がほぼ概観され得るように構成されている。そのとき近畿地方から題材とされていたのは摂南工業地帯と近江盆地だったのである。授業後の研究会ではこの「近江盆地」の番組内容について大きな論議が交わされた。摂南工業地帯は、日本の代表的な工業地帯であるから、典型的な題材として取り上げる価値はあるが、近江盆地は県土の六分の一が琵琶湖であり、面積も狭く、典型的な盆地とは言えない。どうしても近畿地方から盆地と言うのであれば、むしろ奈良盆地の方が適切ではないか。滋賀県内の学校であればともかくとして、他府県の先生方は近江盆地についてはとんど理解されていないから、生徒に十分な指導をすることができない。このような考え方が大勢を占めたのであるが、しかしそれに対して、この番組内容は生徒の社会的認識と思考を拡げ、発展的な学習に資するところがきわめて大きいという意見も少なくなかったのである。ときたまこの研究会に出席していた番組制作者は、この論議を聞き、最後に次のように述べたことが印象的であった。すなわち、

「わたくしは近江盆地であっても奈良盆地であっても、どちらでも構わないのです。しかし、近江盆地、とりわけその湖南部は、いま、農業県から工業県へ、また、ベッド・タウンとして大きく変貌しつつあります。この意味からは典型的と言えるのではないでしょうか。わたくしは、交通の発達が住民の生活をどのように変化させるかを捉えようとしたのです。近江盆地について詳細に教えるのではなく、この観点に立っていただけるならば、同様な現象は日本の津々浦々に起こっているのではないでしょう

か」と。

高度成長時代の授業事例をここで再録することには、いささかためらいがあるとしても、ここにテーマに関わる問題点が示唆されていると思われる。前者の立場に立つ教師は、あらゆることを詳細にもれなく教えようとしているのであろう。番組制作者をはじめ後者の立場の教師は、それよりもむしろ、交通の発達……云々についての是非は別としても、現代社会を動かしている基本的原理と思考法を生徒に育てようとしているのである。

わたくしたちは今日、様々な情報の網の中に生存している。それらの情報はますます拡大され、しかも変化し続けていく。これらのうちの自らにとって必要な価値ある内容のものを選択して取り入れなかったならば、わたくしたちの意味ある生存は成り立たないであろう。このとき学校では、とかくあらゆる内容を生徒に教え込もうとするし、とりわけ入学試験のあおりを受けて、親は子どもを学習塾に通わせ、様々な知識を習得させることに忙しい。そうしてその学習は、とかく前者の型に向かうこととなる。これで果たして真の学習力、いま強調されている自己学習力が育つのであろうか。

二

一九五一年九月、南独の古都チュービンゲンで「大学・学校会議」が開催された。そこで問題になったのは、次のことである。すなわち、最近の大学生は、広範な数学の知識は持ってはいても、それらが理解されていないので、研究に対して積極的な影響を与えていない。自然の直観や観察がきわめて乏しく、意味や方法が捉えられていない。にもかかわらず、抽象の世界はすこぶる豊かである。化学、生物、物理学では、抽象的な細目にわたる知識は多く持っているが、それらの科学的関連が全然捉えられていない。言語能力が未発達であり、しかも言語が洗練されていないので、学問的な問題を捉えることのできる一般的能力が不足、否、損なわれている。「素材は充実しているが教養は狭隘であり、僅少である。――贅肉はついていても、筋肉組織はない」(フリットナー)。とりわけ、児童・生徒の生活そのものがない。大学生活(akademisches Leben)がない。いまや学校は「驚くほど多くのことを知っている薄っぺらな頭」(リヒテンベルク)をいたずらに作り上げるばかりであって、性格の陶冶は破壊されてしまっている。……そうして、二日間にわたって行われたこの会議の内容をまとめた「チュービンゲン決議」では、その冒頭を「少なくとも高等学校と大学において、教材過剰によって、精神生活が窒息しようとしているという確信に達した」という言葉で始めなければならなかったのである。

およそ二〇年前にドイツで論ぜられたことは、そのまま今日の日本にも当てはまるように考えられる。経済の高度成長時代に志向された「教育の現代化」の挫折から、「ゆとりと充実」のある教育が唱えられてはいても、「驚くほど多くのことを知っている薄っぺらな頭」の大学生はますます増加しているように思われてならないし、また、学業に「落ちこぼれ」そのために非行に走る子どもも、また現象しているとは言えない。この状態をいかに克服していったらいいのであろうか。

前述の「チュービンゲン決議」は、次のように謳っている。すなわち、「精神界の本来の諸現象は、各々の生徒によって本当に理解された、ただ一つの対象の実例によって明らかになる。……教材対象の本質的なものを浸透させることの方が、教材領域をすべて拡大することよりも、上位にある。高等学校試験における試験教科の数は制限されるべきであるし、試験方法は、記憶行為よりも、理解力をねらうべきである」と。そうしてこれらが、「われわれを不安げに倉庫に満たせる、幅広い静的な安全性という偶像にかわって、われわれは、明らかに、何か親しいもの、根源的なものへの決定的に発現を求めている。最後の結果の完全性ではなくて、根源的なものへの無尽蔵性である」と述べ、「隙間への勇気、徹底性への勇気、根源性への勇気」というスローガンのもとに構想されたマルティン・ヴァーゲンシャインの「範例教授・学習」へと展開されていくのである。これについては、ここで論じないが、ここでの教授・学習では、特に教育内容をいわば「全体の反映」ないし「全体を担う重心」を意味するものとして精選することが強く意図されているのである（参照：拙著『教育の実践原理』ミネルヴァ書房、昭和四九年）。

三

この意味において、中央教育審議会教育内容小委員会が、昭和五八年一一月に表発した審議経過報告の中で、自己教育力の育成と並んで、基礎・基本の徹底を強調し、「基礎基本の徹底とは、知・徳・体の調和ある人間形成を目指し、その基礎・基本を明確にしつつ、教育内容を精選し、これを確実に身に付けさせること」としていることは、注目されなければならない。そうして、昭和六〇年六月二六日に発表された臨時教育審議会の「教育改革に関する第一次答申」にも、改革の基本的考え方の一つとして「基礎・基本の重視」が挙げられている。これに呼応する形で、教育界でも「基礎・基本に培う教育」が盛んに唱えられている。しかし、それでは基礎・基本とは何かとなると、その具体的意味内容は必ずしも明確でなく、各人各様に考えられているようであるし、まして、それを育てる方法となると、暗中模索であると言ってよい。

人間教育におけるいわゆる基礎・基本を重視し、そこに初等教育を打ち立てた最初の教育思想家として、ペスタロッチー(J.H.Pestalozzi,1745～1827)を挙げることに、だれも異存がないであろう。彼はその著『ゲルトルートはいかにその子を教えるか』(一八〇一年)の第九信で言っている。「直観をあらゆる認識の絶対の基礎と認めることのうちに、わたしは教育の至高至上の原理を確立した。わたしはまたあらゆる個々の教授はさておいて、教授そのものの本質と、自然そのものによってわが人類の育成が規定されなくてはならない原型とを見出そうと努めてきた。わたしは次のことを見出す――。わたしは一切の教授を三つの基本的な手段に還元し、この三部門のあらゆる教授の成果を自然的必然性に高めることを可能にする特殊な手段を追求してきた。最後にわたしは、これら三つの基本的手段を相互に調和させ、それによって教授を単にいろいろな面で、また全三部門の中でそれ自身調和あるものにしただけではなくて、人間自然本性とも調和させ、教授を人類の発展における自然の歩みに近づけたのだ」(長田新編集校閲『ペスタロッチー全集』第八巻、平凡社、一六四頁以降)。ここで言われている三つの基本的な手段とは、直観のＡＢＣとしての数・形・語なのであるが、彼は、直観をもってすべての認識の絶対の基礎を認めること、すべての教授の三つの基礎的手段――数・形・語――に還元し、かつその相互の調和並びにそれの人間の本性との調和を図ることを、教育改革の根本課題としたと言えるのである。

直観のＡＢＣ――数・形・語は、彼にとって「直観によって得られるわれわれの一切の知識を明瞭にする手段」なのであるが、それは彼の「長い苦闘の後」に、あるいは「久しく彷徨し続けた後に」突如として彼の胸を打ったものであ。彼はこの発見について「久しく求めたところのものの上に新たな光を投げ与えるように思われる」とまで言っている。そうして彼は、この直観のＡＢＣによって、普通の教科目以前に存在する諸要素を見出そうと努力し、さらに技術のＡＢＣをも求めていくのであるが、そこから絶対確実な基礎が見出されたとは言い得ないであろう。しかし、彼の認識の根源性を求めようとする企図は、「子どもは対象界をある精神的な根源作用によって構成する」（シュプランガー）という思想とともに、不朽の意味をもつと言うべきである。

四

シュプランガーはこのペスタロッチーの考えを高く評価し、その論文「基礎的なものの効果性」の中で「いかに複雑な文化でも、最も簡単な原的形式に還元することが可能である」と言っている。例えば現代の機械は、素人では差し当たって全く洞察し得ないような、非常に複雑な形成物であるが、しかし、その各々の中にはなにがしかの最も単純な根源思想、すなわち、発電や運動操作並びに起動力等の根源形式が含まれていて、それらが常に新しく巧みに組み合わされている。そうしてまた、「人間の手仕事もすべて、煮沸や液化、糸紡ぎと機織、釘打ち、粘着、研磨、裁断、鋸引き等の、自然の諸過程への干渉の根本形式に還元され、これらすべてのものが、なお、現代の進歩した技術を理解することができる」のである。シュプランガーは、こうした考え方を、自然界にも、精神界にも、また、政治・経済等の社会科学的領域の世界にも適用して、それらを先ず第一に、最も単純な、そうして最も基礎的な根源現象へ還元することの必要性を述べ、「一切の理解は、最も単純なものから、すなわち、基礎的な意味連関から出発する。そうしてのみ、このようにして理解されたもののみが、たましいの中で働き続けて実を結ぶ」と結論するのである。

すでに述べたように、情報はますます量的に増大し、質的に上昇し、拡大されていく。それにつれて、われわれの生活や文化は変化し、複雑化されていく。しかし、シュプランガー的に言えば、それらはもっとも基礎的なものに還元され得るのであり、それを理解することが、かえって一見して複雑極まる文化現象の理解を容易ならしめるのである。それではその「基礎的なもの」とは何か。このことが明確化されていないところに、基礎・基本の教育を困難ならしめている原因があると言ってよい。教育諸科学者と専門科学者と教育実践家との緊密な共同研究によって、今後、真剣に取り組むべき問題なのである。

かつて、恩師であった広島高等師範学校教授、曽田梅太郎先生が、言われたことを思い出す。「負《マイナス》の導入と軌跡の証明をすべての生徒に理解させることができなかったなら、一人前の数学の教師とは言えないよ」と。これは、附属中学校教諭としての教育体験と数学教育学者としての研究的基盤から何気なく言われたものであろうが、中学校の数学科教育の基礎を見出すために一つの示唆が与えられているように思われる。なお、小学校段階で二桁以上の割り算ができない子どもは、それ以後ずっと、算数・数学の落ちこぼれとなるようである。社会科にあっても、小学校中学年期に、例えば自宅から学校に至る絵地図から始まり、それを拡大し、やがて地図化していくといった学習を十分に行っていない子どもは、社会科を暗記教科と見なし、それに対する興味・関心を失っているようである。このように考えると、子どもの精神界には、なにがしかの基礎的な原理があるし、また、その年齢期に習得しておかなかったならば、その後の学習を成立させることのできない事項があると考えられるのである。各教科の中で、また各教科を超えたレベルにおいて、真に基礎的な内容を見出し、それらを発達に即応して身に付けさせていくことが、是非とも考えられなければならない。

五

もちろん、基礎・基本に培う教育とは、前述したような基礎的事項を指導していくことだけではない。ペスタロッチーも、数・形・語の相互の調和とそれの人間の本性との調和を図ることを強調している。前述した中教審の「基礎・基本の徹底」にあっても、その定義から、単に知識・技能だけの問題ではなく、これを自己教育力における「生き方」の問題と関連づける必要を読み取ることができる。さらに、臨教審の第一次答申では、「生涯にわたり主体的に学習していく上に必要な能力や人格形成の基礎・基本」として、きわめて広義に捉えられている。わたくしは先ず、教育内容における基礎的事項を明確にし、精選された教材によって、それらを徹底的に身に付けさせることの必要を述べたのである。

一般に、人間の陶冶は、実質的陶冶と形式的陶冶との二つに分けることができる。言うまでもなく、実質的陶冶とは、教育的見地に立って文化遺産の中から精選された一定の教材を与え、児童・生徒の精神的内容を豊かにしようとするものであり、形式的陶冶とは、児童・生徒の精神的諸能力を練磨し、一定の精神的態度を習得させようとするものである。つまり、前者は内容の指導を目指し、後者は態度や能力の育成を目指していると言ってよい。この分類に従うとするならば、今まで述べて来たことは、むしろ実質的陶冶に関わる事柄であり、そこで指導されるべき本質的内容を問題としたのである。

しかし、シュプランガーも言うように、「すべての真の教育は形式的陶冶、すなわち、能力の陶冶にその中心を有するものであって、素材の伝達に存しない」。各教科はそれぞれに固有な能力や態度の育成が意図されているし、それらがまた人間教育の目標につらなっている。そしてまた、「学習の仕方を学習する」という方法的能力の育成も、自己教育力の育成という立場から、今日、特に重視されなければならない。ここにもまた、基本的なものがあると見なされなければならない。これを確認し、精選することもまた肝要となる。

これまでわたくしは「基礎・基本」という言葉を、両者の厳密な区別なしに使ってきたのであるが、強いて区分するならば、実質的陶冶に関わるものを「基礎」とし、形式的陶冶に関わるものを「基本」とするのが適切であると考えている。この意味において、基礎と基本の両者が明確化されなければならないのである。

それでは、この両者の関係はどのように考えるべきであろうか。人間教育はつねにその目標の達成を意図しており、その意味からは、態度・能力の育成を目指す形式的陶冶であると言えるが、しかしそうだと言って、内容の伴わない態度・能力の育成と言うものは、「物を見せずして視覚を陶冶し、音を聞かせずして聴覚を陶冶する愚」（稲富栄次郎）と言う他なく、あり得ないのである。したがって、実質的陶冶と形式的陶冶とは二者択一的に考えられるべきでは決してなく、その両者は高次な次元において統一されるべきであり、クラフキー（W.Klafki,1927〜）も言うように、授業の場では、この両者がいわば「二面的に開く」ことが肝要なのである。つまり、「基礎に即して基本を、基本に即して基礎を」と言うべきであろう。今日、経験主義的教育からの脱却が十分でないためであろうか、実質内容の習得を伴わない「基礎・基本」の教育論が意外と多いように感ずるのは、わたくしだけであろうか。「人格形成のための基礎・基本」とは、各教科における基礎的事項を軽視するものであってはならない。このような考え方に立った授業の具体的な在り方、その留意点については、拙編著『現代教育学』（東信堂、昭和六一年刊）の第六章知性の教育で考察している。

最後に、授業の中で、基本的な生活態度の育成を忘れてはならない。家庭や地域社会の中で幼い時から当然育てられておくべき基本的な生活態度を身に付けることのない子どもが、予想以上に増大している。この生活態度の確立がないために、学習意欲も育たないし、非行にも走っている。東京都町田市立忠生中学校の再建に尽力された長谷川義縁校長は、「姿勢が乱れたらいつでも基本にかえる。これは何事にも通用する。遅刻をしない。あいさつをきちんとする。清掃・日直・週番の役割を最後までやり抜く。一時間、一時間の授業が集中できるものにする（教師の魅力ある授業には生徒は意欲を燃やす）。高尚な理屈よりも、先ず基本を大切にして、これの徹底をはかることであります」（『新樹』昭和六〇年二月二五日号）と言っているのであるが、このような学習活動を育てることなしには学習は成立しないし、また、学習活動が真に実りあるものとなることによって、基本的な生活態度も育て上げられていく。われわれの志向する基礎・基本に培う教育、その授業は、このようにして全人格形成に向かっていくのである。だれかが言っている。「偉大なる真理はすべて単純である」と。

（『教育展望』教育調査研究所。第三一巻八号。昭和六〇年九月）

(3) 通教科的基礎・基本の考え方

はじめに

この小論で求められているのは、各教科を通じて基礎・基本となるものは何かということである。

周知のように、教育課程審議会答申における「教育課程の基準の改善の方針」の3は、「国民として必要とされる基礎的・基本的な内容を重視し、個性を生かす教育の充実を図ること」になっている。この「基礎・基本の重視」は、昭和五八年一一月一五日、中央教育審議会教育内容等小委員会の審議経過をまとめた報告書「時代の変化に対応する初等中等教育の教育内容などの基本的な在り方について」にも、また、臨時教育審議会の第一次答申（昭和六〇年六月二六日）及び第二次答申（昭和六一年四月二三日）にも強調されているものであり、教課審の答申も、これらの報告や答申を踏まえてなされたものであることは、言うまでもない。そうして、これに基づいて、各教科等における「改善の基本方針」では、ほとんどすべての教科等において、「基礎的・基本的な内容」とか「基本的な概念及び原理・法則の理解と基礎的な技能の習熟」を重視する考え方が打ち出されている。

とはいえ、各教科等における基礎・基本とは何かについては、この教課審答申では必ずしも明確でないし、やがて告示される学習指導要領において具体的に示されるのであろう。まして、各教科を通じての基礎・基本、つまりは、「国民として必要とされる基礎的・基本的な内容」については、いまだに、どこにも、なんら示されていない。

したがって、与えられたテーマに答えることは、わたくしにとって極めて至難である。実際、本誌第31巻8号（昭和六〇年九月号）で述べたように、「基礎・基本」の重要性は古来だれからも説かれながら、それが何であるかについては各人各様であり、極めて不明確であると言わなければならない。ここでは先ず、前述した報告書や答申の中で、基礎・基本の重視が、どのようなニュアンスで述べられているかについて考察することが必要であろう。

一

中央教育審議会教育内容等小委員会の審議経過の報告書では、「主体的に学ぶ意志、態度、能力」としての「自己教育力」の育成と並んで、「基礎・基本の徹底」が提示されているのであるが、この「基礎・基本の徹底とは、知・徳・体の調和ある人間形成を目ざし、その基礎・基本を明確にしつつ、教育内容を精選し、これを確実に身につけさせることである」と規定している。したがって、ここで言われる「基礎・基本」とは、単に知識・技能だけの問題だけではなく、これを自己教育力における「生き方」の問題と関連づけてみるならば、幅広い人間形成の基盤として考えられている。

臨時教育審議会の第一次答申には、「現世代が次世代に対し、その乳幼児期、青少年期において、生涯にわたり主体的に学習していく上に必要な能力や人格形成の基礎・基本をしっかりと教えることは、いささかもおろそかにしてはならないことである。豊かで、多様な個性は、基礎・基本の土台の上にはじめて築き上げられるものである。しかしながら、今日、教育荒廃にみられるように、家庭、学校、地域を通じての教育において、人格形成のための基礎・基本がおろそかになっている。このような認識に立って、強調されなければならないのは、徳・知・体の調和ある発育であり、くわえるに感性と技能の育成である。学校においては、徳育、知育、体育についてさらに基礎・基本の徹底が図られなければならない」とある。

また、その第二次答申には、「初等中等教育においては、生涯にわたる人格形成の基礎を培うために必要な基礎的・基本的な内容の修得の徹底を図るとともに、社会の変化や発展のなかで自らが主体的に学ぶ意志、態度、能力等の自己教育力の育成を図る」とある。

ここで見られるのは、生涯学習を行う上に必要な能力と人格形成の基礎・基本の徹底であり、前述した中教審教育内容等小委員会の考え方を進めたものであると言えよう。しかしこの中で、「創造力・思考力・判断力・表現力の育成」などとともに、「とくに小学校段階においては、その後の学校生活、社会生活において必要とされる読・書・算の基礎を確実に修得させることや、基本的な生活習慣の形成・定着、ひろい心や自由・自律と公共の精神、社会性などの徳性と豊かな情操の涵養を図ることが必要である」ことを付加していることが注目される。

さらに、教育課程審議会答申では、「初等中等教育においては、人間の一生を通じての成長と発達の基礎を培い、国民として必要とされる基礎的・基本的な内容を確実に身につけさせる必要がある。また、その過程を通して、更にそれを基盤としながら一人一人の幼児児童生徒の個性を生かすように努めなければならない。そのためには、個人として、また国家・社会の一員として望ましい人間形成を図るうえで必要な基礎的・基本的な内容を明確にしつつ、学習の適時性やこれまでの教育課程実施の経験などを考慮し、各教科の内容の一層の精選を図らなければならない」とある。

ここでは、生涯を通じての成長と発達の基礎であり、また、個人として、国家・社会の一員としての人間形成のために必要な基礎・基本となる内容が問題となっている。しかし、中教審教育内容等小委員会の審議経過のまとめや臨教審答申の中にあった生涯学習を行う上に必要な能力の基礎となるものは、「教育課程の基準の改善のねらい」の(3)「自ら学ぶ意欲と社会の変化に主体的に対応できる能力の育成を重視すること」の中に見出され、そこでは、「思考力、判断力、表現力などの能力の育成を学校教育の基本に据え」るとか、「新たな発想を産み出すもととなる論理的な思考力と想像力、直観力などを重視するとともに、科学技術の進歩や情報化の進展に対応するために必要な基礎的な能力の育成」とか、「生涯にわたる学習の基礎を培うという観点に立って、自ら学ぶ目標を定め、何をどのように学ぶかという主体的な学習を身につけさせる。……その際、自ら学ぶ意欲を育てること……幼児児童生徒に活動や学習への適切な動機を与え、学ぶことの楽しさや成就感を体得させること」などが考慮されなければならないとされている。

また、人間の一生を通じての成長と発達の基礎を培うためには、基本的な生活習慣の形成・定着とともに、(1)「豊かな心をもち、たくましく生きる人間の育成を図ること」のなかに述べられている諸内容（臨教審第二次答申のなかにもその一部が述べられている）を身に付けなければならないし、また、国家・社会の一員としての望ましい人間形成がなされ得るためには、(4)「国際理解を深め、我が国の文化と伝統を尊重する態度の育成を重視すること」のなかにある諸内容の基礎・基本も肝要となるであろう。つまり、基礎・基本は、「教育課程の基準の改善のねらい」における柱だけでなく、四つのすべての柱との関連の中で考えられなければならないことになる。

このように見てくると、通教科的基礎・基本はいよいよ難しくなっていくのであるが、しかし、これらに共通するのは、やはり、知・徳・体の調和のとれた望ましい人間形成のために必要な基礎的・基本的な内容と、生涯学習を行うために必要な基本的な能力と態度であると言えるのではなかろうか。

二

人間の諸能力の全体的・調和的発達を意図し、そのための方法の探究に生涯を捧げた人としてペスタロッチーを挙げることについては、なんぴとにも異論がないであろう。しかも彼は、「教授のあらゆる方法、あらゆる術の共通普遍の基礎」を見出し、そこに人類の初等教育を打ち建てた最初の教育思想家であったと言ってよい。彼が特に認識発展の基礎的原理として「数・形・語」の三つを見出し、人間を教育するすべての術を成さしめて、「ここに共通の出立点を求めよ、しからざれば個々の教授は人間の全体性に影響しない」と言ったことは、あまりにも有名である。

彼は特にその著『ゲルトルートはいかにその子を教えるか』（一八〇一年）（長田新訳『ペスタロッチー全集』第八巻、平凡社、一九五〇年）において、当時の学校教育への鋭い批判の上に、人間の自然的発達の法則に従い、「直観を一切の認識の基礎」として、「漠然とした直観から正確な直観へ、正確な直観から明瞭な表象へ、明瞭な表象から明瞭な概念へと導く」ために、数・形・語の能力を介して進められる教授の方法としての「メトーデ」を説明している。

彼はその第九信で言っている。「直観をあらゆる認識の絶対の基礎と定めることのうちに、わたしは教育の至高至上の原理を確立した。わたしはまたあらゆる個々の教授はさておいて、教授そのものの本質と、自然そのものによって我が人類の育成が規定されなくてはならない原型とを見出そうと努めてきた。わたしは次のことを思い出す。わたしは一切の教授を三つの基本的な手段に還元し、この三部門のあらゆる教授の成果を自然的必然性に高めることを可能にする特殊な手段を追求してきた。最後にわたしは、これらの三つの基本的手段を相互に調和させ、それによって教授を単にいろいろな面で、また全三部門の中でそれ自身調和あるものにしただけではなくて、人間の自然の本性とも調和させ、教授を人類の発展における自然の歩みに近づけたのだ」と。

ここに言われている三つの基本的な手段とは、直観のＡＢＣとしての数・形・語なのであるが、彼は「直観によって得られるわれわれの一切の知識を明瞭にする手段は実に数と形と語とから来る」と言うことを、「長い苦闘の末に」もしくは「久しい彷徨い続けた後に」突如として発見した時には、「久しく求めたところのものの上に新たな光を投げ与えるように思われる」と言ったのである。彼によれば、われわれが事物を認識する際には、「1．いかに多くの、また、いかなる種類の事物が自己の眼前にあるか、2．それらの事物がいかに見えるか、その形と輪郭は何か、3．その名は何か、彼は音または語をもってそれらの一つ一つをいかに表現すべきであるか」という態度をとる。このように、いかなる事物もわれわれの意識に上がるためには、数・形・語による他はないのであるから、これらの三つが合い寄って教授の初歩的な手段となるのである。さらに進んで彼は、「われわれのすべての認識が三つの基礎的な力から発する」とした。三つの基礎的な力とは、「1.音を発する力。それから言語力が生じる。2.いまだ確かならざる単なる感性的な表象力。それからすべての形の意識が生じる。3.明確で、もはや単に感性的でない表象力。それから統一の意識と、それとともに計算の力が生ずる」のである。このように考えて、ペスタロッチーは、およそ教育の術は以上の三つの基礎的な力もしくは数・形・語に結びつけられるべきであり、それこそは「教授のあらゆる方法、あらゆる術に共通普遍の基礎」であるとしたのである（参照、長田新『ペスタロッチー教育学』岩波書店、一九三四年）。

彼はさらに技術のＡＢＣをも求め、「あらゆる個々特殊の教育を離れて教授そのものの本質を発見しようと試みた。言い換えると、自然そのものがわれわれ人類の教授を規定する原型を発見しようと試みた」のであるが、しかし、彼の考えた教授のＡＢＣが果たして絶対確実な基礎であったとは必ずしも言い得ないであろう。とはいえ、彼が認識の根源性を求めようとした意図は、「子どもは対象界をある精神的な根源作用によって構成する」（シュプランガー）という思想とともに、不朽の意味を持つものと言うべきであろう。

しかも、このペスタロッチーの直観のＡＢＣが単に教授の技術を示したものではなく、あくまで「国民教育の原理と手段」として、人間性への教育という理念の下に考えられていることである。村井実氏はその著『ペスタロッチーとその時代』（玉川大学出版部、一九八九年）の中で、その意義を次のようにまとめている（一七五頁以降）。

1　新しい教授法を工夫した動機としての、当時の学校教育全般についての批判（学校批判）。

2　直観に基づく教育という考え方（直観に基づく教授）。

3　この直観が人間における自然法則に他ならないということ（自然的発達の法則）。

4　人間における自然の発展は、万人に備わった善への意欲によって推進される、ということ（善への意欲）。

5　各人に備わった諸力の発展は、ただそれらの力の使用という単純な手段によって遂げられるということ（諸力の使用）。

6　したがって、知識には能力が、認識には技能が結合しなければならないということ（知識と能力の結合）。

7　すべての人間に、地位や貧富の別にかかわらず、一般陶冶が必要だという考え方（一般陶冶）。

8　こうした一般陶冶は、内的な自然の感情の発達――心情の純粋性――と調和しなければならないということ（心情の純粋性）。

9　人間におけるこうした感情と理性との調和的発展の連続的段階は、まず家庭の居間において、子どもが母親のそばにいるところから始まらなければならないということ（居間の原理）。

三

それでは、このペスタロッチーの考え方が、わたくしたちの至難な問題に対して示唆するものは何であろうか。

まず、国民として必要とされる通教科的な基礎・基本を、各教科の枠を超えて探究し続けなければならない。このためには、専門科学、教育学、教科教育学、心理学等、諸科学の対話を図ることが肝要であり、ここには教育実践家も加わらなければならない。長い実践の中で培われてきた教育の叡知の中から、たとえ断片的であるとしても、基礎・基本と考えられ指導され続けてきたものが提示されることであろう。それらを吟味し、考察し、体系化していくのである。このことは、各学校レベルでも、校内研究などを通してなされる筈である。

以上のことをあくまで前提としながら、差し当たって考えられることを試論的に述べることにしたい。

先に述べたように、わたくしは、今度の教育課程の改善において求められている「国民としての基礎・基本」を、望ましい人間形成もしくは人格形成のための基礎・基本と生涯学習を行うために必要な基本的な能力ないし態度として捉えたい。陶冶を、もし内容の指導を目指す実質的陶冶と態度や能力の育成を目指す形式的陶冶とに分けるならば、前者の実質的陶冶に関わるものを「基礎」とし、後者の形式的陶冶に関わるものを「基本」とするのが一般のように考えられるが、ここではそれを厳密に区別することなく、「基礎・基本」と呼ぶことにする。

望ましい人間形成もしくは人格形成のために必要な基礎・基本という面から考えると、「すこやかな精神と身体」を基盤とした「生命を尊重する心や他人を思いやる心」ではなかろうか。ペスタロッチーが「居間の教育」を重視し、その「家庭教育の長所を学校教育は模倣しなければならない」(『シュタンツ便り』)と言ったのは、まさしく「愛」の心を人間存在の、そうしてまた、教育活動のもっとも重要な基盤と見なしたからに他ならない。ここから「万人に備わった善への意欲」も喚起されてくる。「教育課程の基準の改善のねらい」(1)「豊かな心をもち、たくましく生きる人間の育成を図ること」に配慮する必要があるとされているもののうち、この愛にもっとも関係するのが「生命を尊重する心や他人を思いやる心」であると考えられる。そうしてこれが、今日の世相の中でとかく軽視されているものでもある。この愛の心が基盤にあるならば、「自律・自制の心や強靱な意志と実践力を育てる」ことも可能であるし、社会的認識の拡大とともに「自らの意志で社会規範を守る態度」も育てられよう。

もちろん、最小限度必要な「基本的な生活習慣」は全教職員の共通理解のもとに精選され、家庭と地域との連携協力の下に、一貫して、徹底的に育てられなければならない。今日、従来なら家庭や地域の中でおのずと子どもの身に付けられていたものが、その構造変化や教育力の喪失によって育てられず、このために、人間形成上大きな問題を投げかけ、学習面にもその影響が現れている。基本的な生活習慣の形成・定着は、まさに人間生活の基礎・基本とも言うべきものであろう。しかし、この形成・定着は愛の絆のなかでこそ効果あるものとなるのである。

四

次に、生涯学習を行うために必要な基本的能力ないし態度であるが、「揺りかごから墓場まで」の自学自習を可能ならしめるためには、何としても、基礎教育の段階から、①学習への興味、関心、意欲をもち、②基礎学力を身に付け、③学習の仕方を修得しておくことが必要である。これらのことは、「教育課程の基準の改善のねらい」では③「自ら学ぶ意欲と社会の変化に主体的に対応できる能力の育成を重視すること」の中に述べられている。しかしこれらは、通教科的な基礎・基本の中でも考えられなければならないであろう。

学習への興味・関心、意欲を子どもに育てるためには、ペスタロッチーが示したように、「自然の法則」に従い、「直観」から出発することが必要である。まさに「純粋な真理感覚は狭い範囲で形作られる」(『隠者の夕暮』)のである。身近なものに対する「漠然とした直観から明瞭な概念へ」と発展するためには、臨教審も重視する「感性」を育てることが必要であろう。森で鳥のさえずりを聞いてもそれに気が付かず、夕焼けを見ても何ら感動をおぼえない子どもが増えているという。道を歩いているときに野に咲く花を見て、子どもが「きれいな花ね」と言ったとしても、「その花の名、知っている？　おうちに帰ったら百科事典で調べましょうね」と答える母親が多い。子どもと共に親や教師が感動しなかったなら、どうして子どもの感受性が育てられようか。想像力も沸き起こってこない。このような感性が基礎となって驚きや疑問をもち、子どもの学習への興味・関心や意欲が育てられるのであろう。

基礎学力とは、端的に、読む力、書く力、計算する力と言っておきたい。この場合にも、ペスタロッチーの直観のA・B・Cがいくらか示唆するものをもつのではなかろうか。もちろんそれは、最後には数・形・語という知識の要素を積木細工的に並列したり積み重ねたりするような教授技巧（特に語）に陥った彼の思考の結果ではなく、むしろ数・形・語を導き出した思考の過程から学びたいものである。すでに述べたように、臨教審答申でも、「社会生活において必要とされる読・書・算の基礎を確実に修得させること」を基礎・基本として求めているのであるが、わたくしはこれを、かつての読み・書き・算盤と言われた時代にとかくそうであったように、単に知識の要素の断片的な教授や訓練に陥ることなく、生きて働く有機的な基礎力として捉えなければならないと考えるのである。

最後に、学習の仕方の修得であるが、これについても、「直観から概念へ」というペスタロッチーの教授法が示唆を与えてくれると考える。これが思考の仕方や問題解決の方法を身に付けさせ、主体的な学習の仕方を育てることになるであろう。ここから論理的な思考力や判断力。表現力などの能力も培われていく。

なお、日本人として必要な国民的資質についてであるが、直観を基盤とした教育を行うということは、子どもにとって身近な対象、だから郷土（地域）の素材に即して学習がなされることになる。郷土の素材には、国民的なものがもっとも具体的に息づいていると言える。そこから出発して広がっていくことによって、同時に国民的なものをも身に付けていくことができると考えられるのである。

わたくしは、基礎・基本というものを、時間上の単なる始めとされるものではなく、そこから積み上げられ発展される土台であり、混乱や動揺が起こった際には常にそれに立ち帰るべき原点として捉えなければならないと考えるのであが、そりはやはり直観と体験の基盤なしに、あまりにも抽象的・断片的に教えられ過ぎているのである。

（『教育展望』教育調査研究所。第三四巻九号。通巻三七一号。昭和六三年九月）

〔付〕基礎学力とは何か

基礎学力の意味は極めて多様であり、不確定である。それが、教育に対する時代や社会の要求によって、また、各人の教育観によって異なるからである。ここでは、「基礎学力とは、教育年齢に応ずる学力の発達段階において、将来の発達をうながす基礎としての学力である」という、城戸幡太郎教授による定義をもっとも一般的なものとして挙げておくことにする。しかし、これが何に対する基礎であるかという位置関係によって、三つのものが考えられる。

①小学校教育が中学校教育の基礎となるなどと言われるように、後年の発達段階の学力に対して、先立つ発達段階で形成される学力。

②諸教科で付ける学力に対して、特に言語と数量に関する学力。つまり文章を読む力、文章を書く力、計算できる力（3Rs）。一般にこれが狭義での基礎学力と考えられている。

③それぞれの教科内において、教科で付ける一般学力に対して、その基底をなす基本的な知識・技能。いわゆるミニマム・エッセンシャルズの学力である。

②を基盤として③を養うことが、結局は①を身に付けさせることになると言えよう。もちろんこの基礎学力が、静的、結果的な力ではなくて、動的、機能的な力、つまり生きて働く力として考えられなければならないことは言うまでもない。

基礎学力の低下が最初に問題とされたのは、一九五〇年頃である。当時風靡していた経験主義の教育が、子どもの生活経験を重視するあまり、文化に内在する価値や論理・概念や法則性を軽視することになり、言語や数量の能力さえも問題解決の手段としてしか考えられなかった。ここでは特に②の意味での学力の低下が問題視され、その克服が唱えられたのであるが、今日に至るまで十分に実現されているとは言い難い。

これに加えて、このおよそ十年来、教育の現代化の下に、高度で複雑な現代科学の内容を、あまりに性急に初等教育の内容にさえも直結させようとし、その結果、教育内容の量的拡大と質的上昇をもたらすことになった。もちろん、精選された教科内容の修得に即して、同時に「学習の仕方を学習する」ことの必要が唱えられ、発展的・創造的・力動的な能力の育成が目指されたのであるが、現実には教科書に盛り込まれている膨大な、しかも高度な内容の知識を期間内に流していくことに教師は精一杯であったのではなかろうか。落ちこぼれする児童・生徒が激増したのも、当然であろう。しかし、子どもは受験競争に勝つために、入試に出題されそうな事項を分かろうが分かるまいが、ともかくがむしゃらに暗記せざるを得ない。掛け算の九九さえできない高校生、漫画に熱中する大学生、「おどろくほど多くのことを知っている薄っぺらな頭」（リヒテンベルク）の人間が育っていることも理由なしではない。今日、改めて基礎学力の育成が要請されるゆえんである。

真の基礎学力を養うために、特に次のことを提案したい。

①大胆なぐらいに精選された控え目の教材によって徹底的に思考を練ること。

②従来は自然の大教場での野性的な遊びや家庭作業などの中でなされていたような全体的・根源的な体験をなんらかの形で子どもに積極的に行わせ、その体験的基盤の上に学習を展開すること。

③ドリルやスキルを指導過程の中に正しく位置付け、それが児童・生徒の内的な、意欲的な取り組みにおいてなされ得るように配慮すること。

（『滋賀教研』滋賀県小・中学校教育研究会。第二九号。昭和五二年一〇月）

〔参照〕　村田昇編『現代教育学』第六章　知性の教育。東信堂、昭和六一年。

(三)「心の教育」のための体験学習の活用

①心の作用

「心」という言葉は多様な意味で使われている。例えば『日本語国語大辞典』（講談社、一九八九年）には、「心」とは「①人間の知識・感情・意志などの働きのものになっているもの。精神。mind ②自分の考え・気持ちのもっとも深いところ。heart ③考え。思慮。thought ④ある行動に対するつもり。意志。will ⑤感じていること。気持ち。気。feeling ⑥たましい。性根。spirit」とある。ともあれ、多くの辞書から総合して、心とは「からだ」や「もの」に対立する概念として、思いやり、なさけ、気持ちなどの感情をはじめ、知識や意思の総体、また、あらゆる精神活動のもとになるもの、中心となるものを意味すると言えよう。そうしてこの働きは、知的な判断の結果からというよりは、むしろもっと直接的に作用する心身一如的なものとして、生理的・身体的領域と心理的・精神的領域とが分化する以前の、いわば生命力とも言うべき場から起こっていると考えられる。

例えば、私たちがある音楽や美術に接してその美に心を打たれるのは、その作品を理論的に解明したり、技法を検討した結果からでは決してない。また、ある人の行為に心温まる感動や共感を覚えたり、あるいは反対に憎悪や嫉妬の感情を抱くのも、その行為を何らかの道徳律に照らして判断した結果からではない。もっと直接的に、即刻になされている。しかしそこでは、コーフィン（J.H.Coffin）のいわゆる「感情に彩られた判断」がなされており、それにその人に固有な価値傾向性が潜在的・持続的なものとして作用し、しかもその人の意識全体を彩り、揺り動かし、人格の全体を方向づける程の力をもっていると言える。もとよりこれはいわば「理性に基づく判断」によって裏づけられ、純化され、高められることによって、その作用はより広く、より深いものとなる。ともあれ心の作用が単に知的なものでなく、全我的であり、しかも情意的色彩の強いものであることは否定できない。

このように心の作用が単に知的ではなく、情意的色彩の強いものであるとしたら、それは言葉だけでは育てられない。言葉だけで教えられたものは概念的・抽象的なものに留まり、全我的把握には至らないからである。知的能力に優れ、鋭い判断を行い、切れ者とされながらも、他人の心の痛みに気づかないことから、人望を得ることのできない人がいかに多いことか。これは知的なものが情意的基盤を欠いているからであろう。だから、知・情・意などと分化しない全我的な力の作用、特に人間存在の根底を揺り動かす情意の作用に目を向け、まず、それを耕していくことが肝要となる。もとよりこのことは、思考や判断の作用を決して否定するものではない。それでは人間の行動は動物的・衝動的なものとなり、社会から逸脱することにもなりかねない。だから、情意の作用を人間存在の基底として重視しながらも、それに知的な要素を加え、価値志向性を高めながら、潜在的・持続的な作用をもたらすものに育てられなければならないことになる。

②心の作用を促す体験

ペスタロッチー（J.H.Pestalozzi, 1746〜1827）は、その子ヤーコプの『育児日記』（一七七四年）（『ペスタロッチー全集』第一巻、平凡社、佐藤守訳、長田新編集校閲、一九五九年）の中で、次のように記述している。

「私は彼（ヤーコプ）に水の流れが軽快に山を下って流れてゆく有様を見せた。彼は喜んだ。私はほんの少しばかり下流の方に歩いて行った。彼はついて来たが、水に向かってこんなことを言った。〝水さん、待ってて下さい。すぐ帰って来るからね〟そこで私は下手の同じ流れのところまで彼を連れて行った。〝お父さん。ご覧なさい。水もやって来るよ。あれあの通り上の方から下の方へ。そしてずんずん下の方へ流れて行くよ〟われわれは流れに沿って行った。私は彼に〝水は山を下がって流れるんだよ〟と、二三度言って聞かせた。」

このようにペスタロッチーは「水は山を下って流れる」ということを、体験の中で感情を揺さぶりながら分からせている。彼はこの書物の中で、溝の幅を知る際にも、それが単なる「路傍の溝の幅」

としてでなく、「横切らなければならない溝の幅」として提示しなければならないともしている。彼はまた、「どんな徳でも口で言う前に、先ず感情を喚起し、……これらの感情を克己心に結びつけた」とも言っている（『シュタンツ便り』一八〇七年。長田新訳、岩波文庫）。彼は心臓（心情力）を中心とした頭（知力）と手（技術力）が調和的に統一された人間性を育てるために、つねに直観や体験を重視し、情意の作用を促したのである。このペスタロッチーの思想は、心の教育にとって永遠の真理と言うべきではなかろうか。

ところで、かつては家庭は子どもにとって生活の基盤であり、ここで親の愛情に満ちた養育の中で自ずと心情陶冶がなされ、朝な夕なの生活の中で基本的な生活習慣が身に付けられ、家事を手伝いながら生活力が養われていた。また、その家を取り巻く広々とした野原は、子どもたちにとって幼い時から近所の友達と駆け巡り、健康力を練る運動場であり、遊びの中で友情や思いやりの心とともに集団生活の基礎的な力を育てていた。それは大自然の不思議さや神秘さを感じ、自然や事物の本質や諸関係を自分の目で直接に見、自分の手で直接に触れ、捉え、素朴な材料から創造的に組み立てながら、学習能力の基盤を育てる大教室でもあった。さらに、地域の伝統行事に参加することから、共同体への導入とともに郷土愛も育てられていた。そこにはペスタロッチーのいわゆる「横切らなければならない溝の幅」が、至る所に存在していたと言ってよい。そうして学校は、フリットナー（W.Flitner, 1889～1990）も言うように、家庭と地域社会でのこのような体験を基盤として、授業を行っていたのである。

しかし今日では、社会の激変の中で家庭と地域社会もその構造を変え、教育力は極めて希薄なものとなってしまった。自然の中で友達と遊ぶこともなく、家庭でも働くことのない子どもには、基本的な生活力が育っていない。学校で学ぶ知識や技能も体験的基盤を欠くことから、情意性を踏まえ具体的な意味内容を伴ったものとして捉えられておらず、このため生きて働く真の学力とはなっていない。特に心情の枯渇が指摘されている。

この意味において、今日の学校は、自らに固有な教育機能を果たすために不可欠な体験を精選し、意図的・計画的に耕すことが必要となる。特に心の教育には必至であろう。

③体験に培う

最近、各学校園で様々な体験的活動が講じられており、それが心の教育に成果を収めつつあることは喜ばしい。ここでは、私が関係した若干の事例から考察しよう。

かつて私が滋賀大学教育学部附属中学校長を併任したとき、特別活動、特に校外学習の全面的な見直しを行った。入学当初の合宿研修から始まり、三年の秋にはこれまでの遠足に替えて社会福祉施設への訪問を行うこととし、その間の校外学習を学習内容と集団訓練との両面からその意味づけをし、体系化を図ろうとしたのである。

福祉施設の訪問後、早速、老人ホームを訪ねた生徒の母親からお礼の電話を受けた。これまでどこに遠足に行っても何も話したことのなかった生徒が、その日は帰宅後も、夕食中にも、その後にも、老人ホームであったことをしきりに語り続け、最後にいくらか照れながら「あるお年寄りから〝あなた方はいくら勉強しても、自分の親をこのようなところを入れる人間にはならないでね〟と言われたの。考えさせられたわ。おやすみなさい」と言って自室に行ったと言うのである。

実施前の打合せでは、県の担当者は「施設に行って話し相手になって頂くだけでいいのです。社会福祉のことはいくら教室で学んでも分からないものでして、ともかく行って頂くことが大切なのです」と言われていたのであるが、小さな奉仕体験が福祉の理解ばかりか、両親への感謝の念まで育てられたのである。他の施設を訪問したグループからも同様な感動的な感想が寄せられたが、特に乳児院を訪ねた生徒たちの反響は大きく、その後も休日を利用して訪問し続けたという。なお、同校では自己教育力を養うために、テーマ別に班編成を行い、自主的な体験学習として「琵琶湖学習」を長年にわたり実施しているが、これについては同校著『選択学習と総合学習の新しい展開』（図書文化、一九九一年）に委ねたい。

また、大津市では、市内の小学校四年生に一泊二日、中学校一年生に二泊三日の「遠足・集団宿泊的行事」が、市立「葛川少年自然の家」で実施されている。わたしはこの「自然の家」の運営委員長を開所以来務めているが、これは都会化された今日の子どもに山深い僻地での原的体系を通じてたくましい心身と豊かな心を育てるために、「ふるさと体験事業」としてこの施設の事業の中で特に力を注いでいるものである。これはまた、滋賀県が小学校五年生に対して学習船「湖《うみ》の子」に一泊二日で実施している琵琶湖体験学習と連動する。各校は「少年自然の家」の基本方針に則りながら、この施設を根城として、大自然ならではの様々な体験活動を独自に計画し、実施している。地域の協力も大きく、学校からの依頼に応じて、古老たちが山菜取りや藁細工などを教えてくれるし、地域の歴史や文化、昔話などを語ってもくれる。

その当初、私はある用件で、県内でも有数な教育困難校とされた某中学校を訪問した。ところがこの学校の様子は、これまでの風聞とは全く違っており、校内外の清掃は行き届いており、授業も静かになされていた。「よくもこれだけ正常化されましたね」と言う私に、学校長は次のように答えたのである。「それはあの合宿訓練のお蔭です。皆が自然体験で苦楽を共にしたことから、生徒たちが変わりました。彼らは深山で星空を仰ぎながら自己を見つめ、敬虔な気持ちを抱きました。また、活動を通して仲間のそれぞれの良さを知り合い、友情と思いやりの大切さ、助け合いや協力の必要性などを感得したようです。それまでは学級の二、三の生徒にみんなが引きずられていましたが、合宿から帰ってからは付和雷同する生徒がいなくなりましたし、暴れていた生徒もそれが馬鹿らしくなったようです」と。もちろん、荒れたマンモス校の生徒たちを合宿に参加させるまでには大変な苦労があったことであろう。実施中の指導での心労も想像できる。学校長を中心とした全教職員の一致協力による取り組みの成果であることは当然であるとしても、大自然の中での体験が生徒の心を大きく変えたことは確かなのである。

さらに、某県立高等学校の学校長から聞いた話である。その高校のある女生徒が勉強不振から学校を休みがちとなっていた。その学級担任はこの生徒が久し振りに登校した際に、何気なく近くの老人ホームに連れて行った。この生徒は老人たちの「お姉ちゃん、よく来てくれたね。また、来てね」という声に誘われ、毎日のように訪問するようになる。慣れてくると、洗濯や針仕事を手伝うこととなる。「あんたはほんとにいい娘よね。学校にも行って、しっかり勉強もしなさいよ」という老人たちに励まされ、やがて不登校もなくなり、見事に卒業し、就職もできたと言う。この生徒は学業についていくことができず、自信を失い、落ち込んでいたのであろう。しかし、ホームの老人たちに喜ばれ、褒められ、励まされたことによって、自信を取り戻し、自己の存在意義に目覚めたと言えるのである。

④体験に根ざした学習

以上の実例からも、体験的な活動が子どもの心をいかに大きく育てているかが理解される。体験が人間の生命衝動の直接的表現であり、精神的諸対象に対する全我的関わりであるだけに、それが子どもの感動を喚起し、情意を揺さぶり、心に大きな作用を及ぼすことは疑いない。しかし、いかにすばらしい体験であても、それが体験だけに留まるとしたら、意義はない。体験には限界があることを知らなければならないのである。

普通、「初体験」とは言っても、「初経験」とは言わない。それだけに、体験したことは、感動とともに個人の内面に印象深く刻み込まれていると言える。しかし、体験は全我的な関わりであるとは言え、知的と言うよりは、むしろ情意的色彩が強い。また、ある人にとっては強大な印象となった体験も、他の人にとっては何ごとでもないというように、体験は極めて個人的・個性的なものである。したがって、体験が体験することだけに終わったとしたら、情意に流され、主観的・独断的なものに留まる恐れがある。このために、体験を知的に省察し、意味付けし、主観性を克服しさらにそこから拡大・深化することが、何としても不可欠となる。では、それはいかになされるべきなのか。

体験的な活動は、例えば前述した「ふるさと体験事業」であっても、自然愛、動植物愛護、生命尊重、敬虔、郷土愛はもとより、自主性、連帯協力、不撓不屈、友情、思いやりなどの諸徳を育てることができるし、また、その活動内容に即して、天文、動植物、鉱物、地域の歴史や風習、文化等に対する興味や関心を喚起することができる。登山では体力も養われるし、飯盒炊爨などによって生活力も育てられる。つまり、体験から得られた内容は、あらゆる教科等の学習内容に関係しており、そこから多様な展開を可能にするものなのである。これらにはいわゆる「総合的な学習の時間」に「横断的・総合的に」考察されることが効果的なものもあろう。しかし、子どもにより高い理解を図るためには、それらが各教科等の目標・内容と関わった指導の中で生かされることが大切である。特に心を育てる中核としての道徳教育にあっては、体験の中で発動された諸徳が、学習指導要領「道徳」に示された個々の「内容」と関わって省察され、道徳的価値の内面的自覚を図ることから、「道徳的実践力の育成」にまで至らなければならないのである。これを行う場と機会が道徳の時間であることは、言うまでもない。

道徳教育において、「豊かな体験を通して児童（生徒）の内面に根ざした道徳性の育成が図られるよう配慮されなければならない」とする学習指導要領「総則」の趣旨に基づき、「内面性に根ざした道徳性」を養うためには、「豊かな体験」の内実に留意するとともに、その体験と道徳の時間の指導との関連を図ることが大切となる。もとよりのことは、体験的活動の直後にその内容を道徳の時間に取り上げるというような、安易なセット化を意味しない。まして、道徳の時間が体験活動のいわば事前・事後の指導のようになるとしたら、それは道徳の時間の特質から逸脱し、かつての生活指導主義的な道徳の過ちを犯すことにもなる。しかし、道徳教育の全体計画と道徳の時間の年間指導計画の中でこれらの体験が明確に位置付けられ、それが年間の指導の中で効果的に生かされるように配慮されるならば、道徳の時間の指導を活性化させるための鍵ともなるであろう。

さらに、いかに体験が心の教育にとって重要であるとしても、その充実が体験的活動の単なる量的な増大となってはならない。それでは行事倒れとなり、教師はその実施に忙しく、やがてマンネリズムに陥ることであろう。先にも述べたように、一つの体験活動には、あらゆる教科等に生かすことのできる内容が含まれている。道徳教育にあっても、様々な道徳的価値が発動されている。したがって、現行の体験的活動を自校の教育目標及び各教科等の目標と内容の面から意味付けし、体系化する必要がある。このことによって、これまでの体験的活動の統廃合もなされ得るし、また、家庭や地域の行事に返し、それらへの積極的参加を子どもに促していく方が効果的なものもあることが分かってくる。時には新たな体験活動を講じることが必要となることもあろうが、このようにして真に精選された体験的活動によって子どもに深い感動を喚起し、そこから各教科等の学習に展開していくことが、これからの学校教育の大きな課題となる。この意味における心の教育については、すでに拙著『「畏敬の念」の指導』（明治図書、一九九三年）、『生きる力と豊かな心』（東信堂、一九九七年）でやや具体的に考察しているので、ご参考頂ければ幸甚である。

（『学校経営』第一法規出版。第四二巻一二号。平成九年一二月）

㈣ 宗教的情操の涵養

⑴ 宗教は可能か——新世紀へ　戦後教育を問う（鼎談）

戦後四五年。日本は歴史上類を見ない経済発展を遂げたが、一方では深刻な問題を抱え込んでもいる。海外ではエコノミックアニマルと恐れられ、一方国内では、競争社会が生み出したひずみが、家庭崩壊や教育の荒廃をもたらしている。こうした現状に宗教はどう応えられるのか。二十一世紀を目前にした今日、教育に焦点をあて、〝いのち〟を尊ぶ教育の可能性を探る（司会　本紙編集部）。

●基調発題

「生命への畏敬の念」を――人間中心主義を反省の時

滋賀大学教育学部教授　村　田　昇

ある市の校長、教頭、指導主事等学校管理者を対象とする講演を依頼され、今回の教育課程改善の最重要課題の一つである「生命に対する畏敬の念」について語った時、「私は人間の力を超えたものへの畏敬という考え方にはついていけない。万事は科学によって解決できるではないか」という意見が出されました。

この意見は、戦後教育の人間中心主義、科学万能主義の思潮を端的に表明したものでしょう。我が国は明治以来、西欧に追いつけ追い越すための教育に専念してきました。このため仏教は西欧的近代化を阻むものとして排撃され、廃仏毀釈まで起こりました。

明治の教育はフランスのナポレオン時代からの学制を範としたものですが、西欧では教育の本来の場は家庭と地域社会＝地域共同体にあり、学校はそこで指導できないこと、つまり知識・技能を教えるという考え方に立っています。それがそのまま我が国に移されますと、先の仏教否定の風潮とも関わって、心を養う場と機会はどこにもなかったといえます。戦後はさらに科学的合理主義に拍車がかけられ、心の世界を養うことが無視されたことは否めません。

こうした中で今度の学習指導要領には「豊かな心」を養うことが強調され、道徳教育の目標にも「生命に対する畏敬の念」が加えられました。これまで「人間尊重の精神」の中で「生命尊重」も考えられてはいましたが、それは健康の増進と安全の保持の面に傾斜して、生命の根源にまで溯ることはなかったのです。

シュヴァイツァーは「我惟うが故に我あり」とするデカルト以来の人間中心・理性優位の世界観に疑問を抱き、「我は生きんとする生命に取り囲まれた、生きんとする生命である」と述べ、生きとし生けるものへの共感、共鳴、共生、協力の倫理を求めました。

しかし、これは仏教の「一切衆生悉有仏性」「山川草木悉皆成仏」の思想そのものといえます。そこでは人間皆平等、山川草木、禽獣に至るまで、いのちあるすべてのものに尊いものが宿されていると考えられています。加賀の千代女が「朝顔に釣瓶とられてもらひ水」と、一茶が「やれ打つな蝿が手を擂る足を擂る」と詠んだような、日本古来の心があります。これが伝教大師の開かれた日本仏教の世界であり、それが基盤となって日本人の心が培われてきました。ここから生命の根源を探求しなければならないと考えます。生活科は、このような生命観への芽生えをも体験を通じて育てようとしています。例えば、兎を飼う、抱いてみる。温かい、生きている！　という感動。このような体験を耕すことがこれからの教育の重要な課題なのです。

唯物の限界にめざめよ　――仏教はマンネリズムから脱せよ

天台宗宗務庁教学部長　山田能裕

唯物的な考えが圧倒的な強さを持ってしまった、というのが二〇世紀の特徴であるかも知れない。その唯物の限界を誰も気付かないで、むしろそこにユートピアを感じてきたのが現代人であった。そのツケが今、現代社会に混乱をもたらしている。またもう一つの原因は、明治維新における思想形態の変革である。その変革は仏教から儒教への変革であり、組織を大事にし上下関係を維持していく世界を生み出し、個人の人格を無視し、個人は組織のなかにおける自分であり、そのためつねに責任を転嫁しないことには自分の存在が認知できないという間違った考え方を生み出してきた。

それは仏教の持っている人間から自然に至るまで大事にし、そのなかに生かされているというすばらしい考え方を消していったが、その責任は逆にいうならば、僧侶自身の責任でもある。マンネリズムに堕してきたことの一つのツケである。さらにいまひとつは戦後の問題として、苦しみへの挑戦、チャレンジするという気持ちがなくなった。それに代わって「逃げ」が一般化したと指摘できる。しかし、「逃げ」の最後は袋小路に追われ、そこで非人間的な行動を起こしてしまうのである。子供が親を殺すというような中に、「逃げ」を追い詰められた姿を見て取ることができる。その責任は親の側にあるが、しかし、その親は、子供の躾について考えていない。

例えば、焼物の場合、日に干した後では形を直すことができない。柔らかいあいだに形が気に入らなければ直す。つまり子供の教育で大事なのは、その意味から就学前教育であり、それは胎教に始まる。また、現代の核家族化は子供が祖父母、両親との三世代の共同生活の中で学んでいた子供にとって、生涯教育の基本になる場をなくした。

このような状況が生まれて来ることに対して、楔を打つものは誰もいなかった。僧侶は各檀家へのお参りを通じて家庭と接触しているが、何もできなかったと自問せざるを得ない。心の時代といわれながら、その実質が表に出てこないのは、仏教本来のあり方を忘れ、墓と死者のみにつながってしまった仏教者の責任であると思う。そして、その間際に新宗教が生きた宗教として台頭してきたことは、伝統教団は、十分考えてみなければならない問題である。

二一世紀に向かって我々は伝教大師、親鸞聖人といった祖師方に学び、正しい道に向かって獅子吼しなければならないと思う。その行動に身体を投げ出し、血の吐くような思いの中にあって、我々自身の行動で現代を救っていく見本を示さなければならないと思う。

「いのち」を育む教育を　——山川草木とも関わる自分

本願寺派中央仏教学院院長　三宮義信

仏教の立場は、人間のあり方ということが基本である。例えば弘法大師が平安時代に種智院大学のもとを創立し、『綜芸種智院式弁序』を著し、その中で「物の荒廃は人にあり。人の昇沈は道にあり」といわれている。その「物」は物質ではなく世の中、また世の中を縮小して町、さらに縮小して家庭と考えていいものであり、「物の荒廃は人にあり」という考えは仏教の基本の教えを示しているといえる。そして、今日この考え方が欠けている。問題が起こるとすべて他に転嫁する。また世の中のせいにする。あるいは教育制度が悪いとか組織とか場に責任を転嫁して、それを作ったのは誰か、家庭を構成しているのは誰かという私という人間が抜けている。自分から責任を担うという気持ちがない。また「人の昇沈は道にあり」というのは、仏教あるいは学問でもあっただろうが、その「道」を学ぶということは実践である。そうすると自分をどのように育て、見ていくかというのは、仏教の原点になっているのだが、そうして考え方が欠けているのが現代である。教えを通して人間は育っていくが、教えに接していないから欠けるものも非常に多くできている。

最近、大事だと思うのは『涅槃経』の「山川草木悉皆成仏」という言葉である。山川草木に至るまで、その存在の意味を大切にしていく。その反対は現在の自然環境破壊である。日本古来の考えは、自然や物を大切にしていく。しかもそれは客観的なものではなく、自分との関わりのなかで存在している。そういう「物」を大切にしていく気持ちが喪失すると、人間の生命を損なうことに通じてくる。こうした大事な点が欠けてきたのは、家庭の大きな問題点であると思う。学校教育の現場で社会科と理科が一つとなって生活科が生まれるという。が、そのなかで一体、何を教えるのか。それは、知の限界にとどまりはしないか。生活体験化されない子供には定着しない。これからの教育の大事なところだと思う。

物のいのちを大切にするという原理は、学校で教えることができる。しかし、大切にするという実践的な教育は、家庭がしなければならない。物が豊かになった。豊かになったことは知っているが、豊かさを感じない。つまり知ることは感じることとは別問題なのである。豊かになったことは学校教育で教えられるが、感じさせていく世界は家庭であると思う。徹底して、個に立ったときに対人性、対社会性が生まれる。すると自分を大切に思う。いのちを大切に思う人間はまた他人も大切にする。つまり、もっと自分を大切にする教育が必要だと感じている。

——戦後の教育が問われていますが、宗教と教育の現場をクロスして、戦後教育の問題点や今後の課題を討議していただきたいと思います。

三宮　山田さんは宗教者の責任ということを言われましたが、人間的な目標の喪失といいますか、人間としてどのように生きていくのかという考え方ですが、それが失われたというのは宗教者の責任だろうと思います。人間としてどのように生きるのかという時、人間の世界には苦しみがつきものですが、その人間を見つめていく心、そうして心が欠如し、見つめる心がないから苦しみに逢着して、逃げることしか考えない、安易な妥協策でしかない。

科学者の平沢興先生は、三五億年という歴史的な時間を背負って今、自分（いのち）が生まれてきた。それは当たり前のことではないと。そこに生かされて生きているといういのちを自分は背負っている。仏教が説くいのちは現世に限らない。無限の過去から続きこれからも続く輪廻転生するいのちである。さらに極言すれば仏になるいのちなのです。このように考えるなら、自分のいのちをもっと大切にしなくてはならない。

宗教的情操の陶冶なされず

――戦後教育はいのちに対して畏敬の念を感じることがないとのことですが、では、人間をどのように捉えてきたのでしょうか。

村田　科学万能主義と合理主義の中で見失われてきたといえましょう。さらに憲法第二〇条と教育基本法第九条に関わる難問があります。これは宗教的情操の陶冶を否定するものではないと考えるのですが、現実には逃げてしまっている。やろうとすると強い反対勢力さえある。このようなことで宗教的情操の陶冶はなされてこなかったのではないでしょうか。しかし、新しい街づくりには地蔵盆や子供の樽神輿が大きな役割を担っています。地蔵盆は子供の健やかな生育を願う地域の伝統行事であり、布教などはなされていません。ところがそれに反対する人がいる。七夕祭りでさえ、反対されてできない学校もあるようです。「大きな声」に負けてしまっているのですね。地域の伝統行事などに子供をもっと積極的に参加させたいものです。

数年前に道徳教育資料として地域の民話を集めたことがあります。

そこには必ず地蔵さんや観音さん、弘法大師などが姿を現していま す。それは昔は祖母が孫に語り聞かせたものです。今はそれもなさ れていません。しかし、子供たちは芥川竜之介の『クモの糸』、菊池 寛の『恩讐の彼方に』、三浦綾子の『塩狩峠』、また「二度と帰らな い旅人」や「月が見ている」などを、道徳の時間に読んで感動して いるのです。にもかかわらず、このような資料による指導が十分で あるとはいえません。

ある幼稚園で飼っていた小鳥が死んだので、運動場の片隅に葬り ました。ある子が「ていねいに土をかけておくと、来年の春に元気 に帰ってくるよ」といったところ、先生は「そんなことはない、土 になるだけ」といったとのこと。これでは子供の夢は壊され、いの ちに対する感性を蝕んでしまいます。まず、教師自らが宗教心をも つことが必要です。もちろん、両親にも必要です。

娘が子供にお彼岸を体験させたいと里帰り致しました。夕方私が お仏壇にお経をあげようとしますと、煎餅が一枚供えられています。 三歳の孫がおやつにもらったものを供えていたのです。家庭の中での祈りと感謝の生活。その後ろ姿を見て育つのですから、やはり親のあり方ですね。

三宮　椋鳩十さんの『マヤの一生』は犬の物語ですが、犬のいのちも大事だという一面と物語の背景になっているのは「戦争」という枠の中で犬を殺すということですね。平和であれば誰も殺さない。まさに「さるべき業縁のもよほさば、いかなるふるまひもすべし」という『歎異抄』の言葉を痛切に感じるのです。人間というのは、そういう存在であるということを見つめておくことが大事ですね。

大人の感性こそ育てるべき

山田　憲法と宗教の問題でいえば、宗教心と信仰心は完全に区別すべきです。宗教から倫理性を取り除けば、何が残るというのでしょうか。洋の東西を問わず、人間の本当の生きざまはなにかと求めてきた。その倫理性、道徳性の基本となるいのちの大切さ、感謝が問われてきたのです。つまりそれが宗教心です。そのように考えると、日本の教育は、人間性の形成と深く関わる最初の所、原初を否定している。

子供の感性はすばらしい。しかし、先ほどの話のように大人が子供の感性をつぶしている。新しい先生が赴任してくるときまって、「友達になろう」と挨拶します。しかし、子供の方は先生から何かを見つけ求めたいと思っているのです。そこに先生と生徒のつながりがある。そうしたときに先生が「職業」にすぎないというのでは、あまりにも理想がなさ過ぎる。子供たちの感性を豊かに育て上げるためには、まず大人の感性をもっと育てる方法を考えるべきだと思うのですね。

――テレビでゴミ問題を特集していて障害者の子供たちが空き缶を回収していた。見ていて、とても感動したのを覚えている。

村田　やっている学校もあります。今後は特別活動の中で自然体験、集団宿泊、勤労体験、奉仕体験などがより重視されます。私の附属中学校では、十年前から、乳児院、老人ホーム、養護学校等への訪問を実施しています。遠足の時には親が何を聞いても生ま返事するばかりですが、老人ホームから帰ると、その様子を生き生きと語り、「いくら勉強しても親をほっておくような子になりなさんなよ、とおばあさんからいわれた」などと母親に告げています。

今度の道徳教育の内容に「日々の生活が人々の支え合いや助け合いで成り立っていることに感謝し、それにこたえるようにする」という項目がありますが、これはお世話になっている人への感謝だけでなく、生かされて生きていることへの感謝、そして報恩であり、生命に対する畏敬の念から生ずるものであるといえましょう。

三宮　生活科のことをある学校の先生から聞きましたが、家庭でできていないから学校でやるのだという答えでした。だとすると、学校はなんでもかんでも抱え込まなければなりません。そのときには学校教育の本質はどうなるのか。これだけは家庭でやるべきだという発想はできないものでしょうか。

人間的な出発懺悔の心から

村田　もちろん、臨教審もいっています。家庭でやるべきことは家庭に帰せと。それは当然ですが、だからといって学校でほっておいたら、子供はどうなりますか。今の子供は家庭で手伝いもしませんし、友達と一緒に自然の中で遊びません。それを基盤にした教育が必要なのであり、それがないと学校で学ぶ知識も観念的・抽象的なものにとどまり、生きて働くものとはなりません。家庭や地域に訴えながら、学校も体験を課さないと。

三宮　これまでの教育の概念を変えると……。

村田　体験を通じて育てる生活科の成否が、これからの教育を決定するように考えられます。ご理解ください。

山田　村田先生の言われる体験という問題は、親、先生が先ず率先してやっている姿を子供が見るという、そういうことも大事だと思うのです。

三宮　現代は自分を律することができない人間が一般的になってきたが、僧侶となる人は少なくとも自分を律していくことに努力していく人間です。ところが懸命に律していこうとしてもできない世界が出てくるのですね。そこが懺悔の世界なのです。親鸞聖人の『教行信証』の中に「慚愧なきひとは畜生となす」とありますが、その慚愧とは、天に恥じ地に恥じる心だといわれています。自分を見据えたとき恥ずかしいという気持ちですね。その恥ずかしいという頂点に立ったとき、人間的な出発点が生まれてくると思うのですね。賢い人間になるよりも自分のおろかさに気がつく人間ですね。それが僧侶としての原点なのです。

村田　ソクラテスの「汝自身を知れ」ですよね。自らの魂を憂い、しっかり、自己を吟味せよと。伝教大師の『願文』を拝しますと涙がこぼれます。「愚の中の極愚、狂の中の極狂、塵禿の有情、底下の最澄」。このように自己を厳しく見つめることから仏道を極め、すべての人間に仏性を目覚めさせようとする御悲願。この自己を見つめることの厳しさは、法然上人にも親鸞聖人にも引き継がれてますね。

山田　自分を律していくことがまたコミュニケーションを広げていく。世界を作り出していきます。その意味で現代は、宗教文化論というか、文化の根底に宗教があるということを忘れているように感じます。宗教を無視した文化には普遍性はない。伝教大師、親鸞聖人といずれの祖師方の言葉も現代のグローバルな問題を解決する。

三宮　法然上人は「愚痴の法然坊」と。親鸞聖人は「愚禿親鸞」と。原点に立っての言葉ですね。仏の光に照らされたときに自覚し掘り下げている。教育の現場にも通じると思うのです。

村田　ところが戦後の教育ではどうでしょうか。何しろ自己絶対主義なのですから。戦後教育は自己主義を強調して謙虚に他から学ぶことを軽視してきました。日常生活の単なる話し合いに終始して、大いなるものや超越的なものとの出逢いもなおざりにしました。これはプラグマティズムの教育の欠陥でもあり、これを克服することが求められています。

伝教大師の「悪事を己に向え、好事を他に与え、己を忘れて他を利すは慈悲の極みなり」とする「忘己利他」の心なしには、親にも教師にもなりえないのではないでしょうか。この心で接しないと子供は立派に育ちません。

――臨教審では宗教教育にどのような関心を持っているのでしょうか。

村田　もちろん強調しています。それが具体的に表れているのが「生命に対する畏敬の念」であり、人間の力を超えたものへの畏敬なのです。

――私立学校での宗教教育はどうでしょうか。

三宮　たえず問い直されていますね、例えば西本願寺では毎年夏には研修会と研究会が開かれています。研修会は生徒を対象にしており、親鸞聖人の体験を肌で感じようと比叡山を歩きます。体験で感じるというのは宗教の世界では大事なことです。研究会は先生対象で、特に宗教教育の教科書の編纂に熱心に取り組んでいます。宗教は言葉を記憶するものではない。その言葉が一体、自分に何を語りかけているのか、どうあれと願っているのか、その心をつかみとることが大事なので、編纂にも熱が入っている。

——延暦寺学園ではどうでしょうか。

山田　父兄に喜んでいただいているが、同じように現場の悩みは教科書ですね。

三宮　延暦寺学園も時代とともに変わってきている。私の近くからも進学しています。今では進学校という評価です。そうなると宗教教育が薄められる傾向は有りはしないかと思うのですが、どうでしょうか。

山田　如何に防ぐかに重点を置いています。その意味では以前よりも宗教の時間は多くなっていますね。比叡山での合宿もあります。ところが今度は現代の青少年を指導するお坊さんが少ないという悩みが出ています。

三宮　多くの子が延暦寺学園で学んでいますが、その中で知識として学んだものは覚えていないのですが、朝礼や仏讃などはよく覚えていますね。そして、それが後の人間形成にも役立っているように思えるのです。知識抜きではまやかしの宗教教育になりますが、仏教的な知を基盤とした情の世界で子どもを育てていくことの大事さを感じるのです。

――エコロジーの問題に関連しますが、物を大事にするときも、そこにいのちを感じる。そういう子どもを育てる。いかに技術力で環境問題を解決していっても、また二一世紀も地球破壊の世紀になる。つまり、地球人としての「価値観」を新たに創造するといった、そのぐらいの気持ちでないと、教育の変革もできないように思えますね。

再認識されるスキンシップ

山田　私の関係していた幼稚園では五、六年前から割箸を使わないでいます。私も竹の箸をいつも持って外出するのですが、物を大切にするということころを育てたいという願いからです。またＰＴＡでは牛乳パックの回収をやっています。そのことがきっかけになって地域での運動に発展している。物を大切にするということから雑巾の話もあります。雑巾は古い浴衣などで作ったものですが、雑巾の前はおむつですね。母親はそのおむつを洗うことで子どもの健康状態を見ていた。ところが今は使い捨ての紙おむつで子どもの健康を見ることもできないし、また見ない。そのおむつが雑巾になり、その雑巾を集めて燃やすと、大変立派な灰になると聞きました。

――いまお話いただいた点は、教師も目覚めているのでしょうか。

村田　そのきざしはおおいにあります。私が生命に対する畏敬の念について語る時には、伝教大師の『願文』から始めますが、反論はありませんし、心ある多くの先生方が共感してくださいます。子供が動物を粗末にし、いじめが横行する姿に接し、これに真剣に悩み、対応しようとすればするほど、生命に対する畏敬の念や究極的には宗教心を育てなければならないと考えられるのです。自分史を書かせる中で、子供が自分の生誕をこれ程にまで祝福され、今日まで親に心配や苦労ばかりかけて生きてきたことを知り、感動したような実践例も沢山あります。教材も開発されつつあります。

山田　男女共学が多くなってきて女性としての母親教育がないですね。

三宮　おっしゃることは大事なことですね。学校という枠を超えて、例えばお寺に若い奥さんの会で若妻会があります。そこで母親としての自己研修が行われています。

村田　最近、母子相互作用ということが大きな問題となっています。妊娠中の母胎の様子をテレビで視られるようになりましたが、母親が喜々としていると、胎児も羊水の中を悠々と泳いでいます。反対に母親が沈んでいると、胎児もちぢかんでいる。まして人工中絶のために子宮に鉗子が入れられると、小さないのちは必死に逃げようとする。これはまさに殺人です。ともあれ、母親の胎教と授乳、抱擁、スキンシップの重要性が再認されます。「人身受け難し。」子供は作るものでなく、授かるものであることを、十分に理解して頂きたい。

――宗教と教育の現場から新世紀に向かう教育の課題を聞きましたが、共通していえることは宗教教育の重要性ですね、しかし、その一方で国家が宗教教育に介入して不幸な時代を作ったという、戦前の教訓を忘れてはならないとも思います。

村田　今、人々は確かに何かを求めています。新人類といわれる青年も、かえって古いものに惹かれます。神社仏閣詣でも多くなっているようです。観光として訪れたのかもしれませんが、いつの間にか敬虔な心に浸っています。このご縁を大切にし、うちにまどろむ宗教心を覚醒していくことが肝要でしょう。学校の先生には僧侶の方も多いのですが、公教育の中で宗教心をどのように育てるかを教えて頂きたく念じております。

後ろ姿の教育
教育の原点に

山田　先頃、比叡山の回峰行者が招きによって東京に向かいました。その間、二万人の人との出逢いがあったと聞きました。東京の私立高等学校では大拍手で迎えられ子どもたちが本当に喜んだといいます。そうした光景を見るにつけ、若い人たちに行動で示していくことの大事さを感じています。現代社会にはいのちに関わるいろいろな問題がある。尊厳死、脳死などそのどれもが宗教の問題にもそのあり方を切り開いていかなければならないと思っています。

三宮　昔から後ろ姿の教育といわれてきたが、それは別に古い考え方ではない。むしろいつも新しい考え方で、そこから教育は始まっている。親に限らず先生も同じことがいえる。しかし、そのためには絶えずそのことを訴え続けていくことが必要で、それが宗教者の役割だと思います。

また、宗教者の責任ということも言われましたが、それと同時に大事なことはお寺の奥さんの役割です。日常的には住職よりも重要な役割を果たしています。また例えば何もないときに仏壇を買うと死人が出るとか、中陰は三ヵ月を超えてはいけないとか、仏教を歪める根も葉もない話が多い。仏壇を買うと本尊がついてくるようなこともある。本尊と私との関わりを考えもしない。仏教を正しく伝えることも僧侶の仕事であり、そのことを村田先生は教育の場から要請されたと思います。間違った仏教観は人間を歪めます。だからそれを糺していくことが大事です。

――ありがとうございました。

人間を見つめる心　教育にも仏の心を　　三宮義信

子供の感性いかせ　混同された宗教心　　山田能裕

日本のこころ学べ　知から情の教育を　　村田　昇

（『仏教タイムス』仏教タイムス社、第一五六四号。平成二年一二月五日）

(2) 宗教的情操の涵養と日本教育の再生

今日、わが国では不況からの脱出がいまだになされ得ない中で、世相は悪化し、犯罪は激増するばかりか凶悪化の傾向をますます強め、しかもそれが少年にまで及んでいる。まして、親が我が子を殺傷したり、また逆に、子どもが親を殺傷したりするに至っては、世も末かの思いを募らされる。この原因はどこにあるのか。それらを一概に言うのは難しいとしても、究極的には自己の内なる宗教心の希薄化にあると言わなければならない。

近代人は「知は力なり」として自己の悟性の力を過信し、自然を征服し、外的生活面での豊かさや原理さを無限に増大させようとしてきた。そして「神は死せり」として、大自然の摂理や恩恵、人間の力を超えた大いなるものの存在を忘れてしまったかのようである。とりわけ戦後の我が国ではこの傾向が強く、経済優先の下に利潤の追求に忙しく、心の世界、とりわけその心を真に心たらしめる宗教心の育成を等閑にしたことは否定できない。

このこととも関連し、核家族化の増大の中で自宅に神棚や仏壇をお祀りしている別居夫婦がどれだけいるだろうか。その上、家族は病院で生まれて病院で死ぬともなれば、家庭における宗教性はいよいよ欠落する。地域の神社・仏閣に詣でることもなかろう。

とりわけ問題なのは、戦後の教育である。終戦直後の昭和二〇年九月一五日に発表された「新日本建設ノ教育方針」には、その九に「国民ノ宗教的情操ヲ涵養シ敬虔ナル信仰心ヲ啓培シ神仏ヲ崇メ独リヲ慎ムノ精神ヲ体得セシメ道義日本ノ建設ニ資スル」と謳われていた。しかし、昭和二二年三月三一日に公布され即日施行された「教育基本法」では、最初の日本案「前文」に「普遍的にしてしかも個性豊かな、伝統を尊重してしかも創造的な文化をめざす教育」とあったのに対して、当時の通訳が「伝統を尊重するということは、再び封建的な世の中に戻ることを意味する」と説明したことから、CIEはこの「伝統を尊重し」という文言を削除したと言う。また、第九条（宗教教育）では、その原文が「宗教的情操の涵養は、教育上これを重視しなければならないこと」であったが、「宗教的情操は、特定の宗教を介することが必要で宗教教育禁止に反する、特に神社参拝に利用される危険がある」とするCIE側の見解の下に現行のものに修正されたのである。こうして、日本古来の宗教心とも言うべきものまで葬り去られるとともに、国公立学校からは宗教的なものを排除すべきであるかのような風潮さえもたらしたと言えよう。

それ以後、中央教育審議会の答申等において宗教的情操の涵養の必要性について指摘はされて来たとは言うものの、明確な方針が打ち出されていない。今度の中教審答申（平成一五年三月二〇日）にあっても、「宗教に関する寛容の態度や知識、宗教の持つ意義を尊重することが重要であり、その旨を適切に規定することが妥当」とし、「人格の形成を図る上で、宗教的情操をはぐくむことは、大変重要である」とはしながらも、「現在、学校教育において、宗教的情操に関連する教育として、道徳を中心とする教育活動の中で、様々な取組が進められているところであり、今後その一層の充実を図ること」に留められている。しかもその「総会議事概要」によれば、「人間の力を超えたものに対する畏敬の念」（現行道徳教育の一「内容項目」でもある）とは「自然の驚異や生命の不思議のことであると思う」とする浅薄な理解の下に「現在の子どもはそれを奇跡とか霊感という捉え方をする」と言う某委員発言に対して、鳥居会長は「これが変な意味での奇跡やオカルトのように誤解されるのなら、言葉を補う」と述べているのである。中間答申案には「人間の力を超えたものに対する畏敬の念などを身に付ける教育」とあった文言が、「答申」では「自然や崇高なものに対する畏敬の念などを身に付ける教育」と変更されているのは、このためなのだろうか。この程度の理解の下での答申であるとしたら、情けない思いである。

わたくしは平成元年に告示された『学習指導要領』において道徳教育の目標として従来からの「人間尊重の精神」に「生命に対する畏敬の念」が加わったことから、シュプランガー（E.Spranger, 1882～1963）の「生命に対する畏敬の念よりも高い宗教は存在しない」とする見解にも示唆されながら、「生命に対する畏敬の念」を基とする宗教的情操涵養の在り方について考察して来た（「宗教的情操の陶冶――生命に対する畏敬の念を基に」『日本仏教教育研究』第七号、平成一一年。「伝教大師と心の教育をめぐって」斎藤昭俊編『仏教における心の教育の研究』新人物往来社、平成一三年)。国公立学校において宗教的情操の涵養を充実させることなしには、日本教育の再生はとうていなされ得ないと考えるのである。

(『仏教教育ニュース』日本仏教教育学会、第二三号。平成一六年一月一五日)

(3) 宗教的情操の涵養について

はじめに

最近、不況からの脱出がいまだになされない中で、世相が悪化し、痛ましい事件が毎日のように発生している。しかも、その犯罪は激増するばかりか凶悪化の傾向を強めるとともに、年少化が著しい。そこでは社会的規範や常識は無視されており、自制心がなく、直ぐに逆上し、安易に相手を殺傷する。誰かに知られさえしなかったら、何をしても構わないのか。かつては「天知る、地知る、神知る」とか「壁に耳あり、障子に目あり」などと言われ、目には見えない何か大いなるものに対する畏れから、自分の心に恥じることのないように慎んだものである。もちろん、ご先祖に顔向けができないようなことをしてはならないという気持ちも、そこに働いていた。

このような事情を生み出した原因は複雑であり、簡単には言い難い。しかし、戦後の我が国が余りにも個人的利益の追求に忙し過ぎ、心の世界の充実を看過し、とりわけその心を心たらしめるもの、つまり宗教心に至っては非合理なものとして退けられがちであったことに、その究極的な原因がありはしないだろうか。

わたしたちは今、「日本人の美しい心」に鑑み、自己の人間としての在り方や生き方について深く考え直すことを必要としてはいないか。最近、宗教的情操を涵養することの重要性が強く叫ばれているのは、この意味において当然であろう。

一

日本人は、古来、大自然の中に神秘さを感得し、とりわけ山を祖霊の宿る神聖な場と見なし、森羅万象のすべて、海や川、土の中にも何か大いなるもの、聖なるものが秘められていると感じ、それに対して畏敬の念を抱いてきた。この大自然や先祖の営み、悠久の歴史や生命に対し畏怖畏敬の念、尊厳や尊崇の念をもつことが「神道の心」となり、それが「一切衆生悉有佛性」「山川草木悉皆成佛」とする「大乗佛教」と習合し、日本独自の自然観・生命観を育て、路傍に咲く小草や名もなき虫けらにさえも憐憫の情を抱き、生きとし生けるすべてのものを尊い存在と見なし、人間と同じように慈しんできた。「一切を水に流す」などとする「寛容宥和」な国民性もこれに根ざすのであろう。

それだけに自分が過去無量の祖先の生命とその思いや願いを受け継ぎ、この世に人間として生を享けたことは、得難い、掛け替えのないことであるとともに、その祖先は死して肉体が朽ちた後にも子孫の供養によって祖霊に昇華し、郷土を臨む山の高みにあって子孫や祖国の幸福や繁栄を見守っていると考えてきた。ここから感謝と報恩の念も生じてくる。

この「自然崇拝」と「敬神崇祖」こそが日本人古来の志なのであり、これが日本人の心の中に今なお生き続け、生活や文化の根底を築いていることは、来訪した外国人が等しく認めるところでもある。

この「大自然の営みや人間の力を超えたものに対する畏敬の念」を育てることが、端的に言って「宗教的情操の涵養」である。それは聖なる価値を志向する高次な感情として、知的に教えられるものでなく、子どもの幼少の時からその心の内奥に感得されていくべきものであろう。この宗教的情操を基盤にしてこそ、自我に目覚める思春期頃から、自らの真正な信仰心が育っていくと考えられる。

二

宗教的情操を涵養する最初の場は、家庭である。子どもは母親の懐に抱かれながら乳を飲み、心の安らぎと落ち着きの中で母に対して愛と信頼と感謝の念を抱いていく。やがてその対象は父を初めとして家族に拡がり、その家族が崇拝する先祖や神仏に対して自分も一緒に手を合わせるようになる。畑で獲れた初物や珍しい物は、先ず佛壇にお供えする。嘘をついたり誤魔化したり、殺生をしたり物を粗末にすると、その神佛から罰があたることをも教えられる。元旦や誕生日には家族と共に氏神に詣で、お盆等には墓参する。敬虔な祈りを捧げる家族の後ろ姿から、言うに言われない何ものかを感じ取らざるを得ない。さらに地域での交際や村祭り等の行事への参加を通じて、皆から共通に崇拝されているものに礼拝する。これらを通じて、何か大いなるものに生かされて生きていることを自ずと感じとっていく。これが子どもに宗教心が育てられる一般的な在り方であったろう。

しかし今日、核家族の増大の中で神棚や仏壇を備えてお祀りする家庭も少なくなったし、地域の連帯感も希薄化して、地域行事も限られたものとなり、家庭及び地域社会の教育機能も著しく低下してしまった。これをいかに蘇らせるかが、これからの大きな課題となってくる。しかし学校もまた、人間形成にとって不可欠であることを意図的、計画的に取り上げて、家庭及び地域社会の教育機能から欠如したものを補うことに配慮する必要がある。

三

何よりも子どもたちが小さい時から自然に親しみ、生きとし生けるものに対して思いやりの心をもつように配慮し、そこから大自然の偉大さや神秘さに気づき、人間の力を超えた大いなるものに対して畏敬の念を抱くとともに、自分がその力によって生かされて生きていることに感謝し、祖先を崇拝する中で自己の人間としての在り方や生き方に対して自覚するように促していきたい。

最近の子どもたちは虹や夕焼けの美しさにも感動しないなどとよく言われるが、これにしても大人が例えば「見てごらん。夕焼けがきれいよ。お天道様にさようならを言いましょうね」などと語りかけ、子どもの注意をひいてやることが大切なのではなかろうか。

特にお伽噺期とか魔術期とか称される幼少年時代には、動植物と親しみ語り合うことが大切である。ある小学校である。種を蒔いておいた朝顔が芽を出した時に、ある学級では「アサガオさん　お誕生おめでとう」と、その瞬間に最大の喜びを表わした。ある学級では「双葉がどうなるか、しっかりと観察しておきなさい」とだけ指示した。その後、朝顔への愛着は先の学級の方が強かったと言う。

また、ある幼稚園で飼っていたインコが死んだ時、園長はこれを何とか保育に生かすことができないかと考え、インコの葬式を行うことにした。保育室の真ん中に机を据え、インコを箱に入れて置き、その回りを花で飾った。そして「皆さん、可愛がっていたインコにお別れしましょうね」と言って、園児たちに指でインコに触らせたのである。あのように温かかったインコが冷たく、固くなっていたので、園児たちは泣き出してしまった。それ以後、園児たちの態度が変わり、虫を捕らえても、そっと野に戻すようになったと言う。

また、児童・生徒を自己自身に導き入れる感動的な体験に培いたい。

滋賀県立北大津高等学校では、毎年、比叡山への夜間登攀を行っている。生徒たちは、教師と共に月明かりの中を黙々と急坂に歩を進めていく。無事下山した生徒たちを待ち迎えるのは、保護者手作りの暖かい味噌汁である。この体験が生徒の心の内奥にいかに深い感動を与えていることか。卒業時の就職試験の際に試験官から「高校生活の中で一番印象に残っていることは？」と尋ねられると、ほとんどの生徒が「深夜の比叡山上から琵琶湖を眺めた時に、涙が出てたまらなかったことです」と答えると言う。

香川県では香川大学教育学部の学生ら約三〇人と県教育文化研究会所属の小中学校教員らとその子

どもたち計約五〇名で「おせっ隊」を編成し、四国霊場第八十八番札所「国分寺」で清掃奉仕やお遍路さん方への湯茶の接待を行った。この四国遍路は弘法大師の霊跡八八ヵ所を巡り、八八の煩悩を断ち切り成佛解脱を願う行として、鎌倉時代中末期から民間信仰の一つとして盛んに行われて来たと言われている。地域の人たちも、多様な神々を自分たちの生活にとって身近な救済神として信仰してきただけに、このご遍路たちを厚くもてなすことによって同行の見えない神に奉仕できると信じ、お接待に勤めて来た。これを直接に体験した子どもたちも、お接待を通じて深い信仰心に生きるご遍路さんたちから感謝されたことによって、きっと自分を見つめ直し、仏教の一宗派を超えた何か大いなるものの存在に目覚めたことであろう。そしてこの試みから、やがてはこの香川・讃岐文化を各学校で伝えていく方法が見出されることであろう。

このような体験に基づき、児童・生徒が自己自身を深く見つめることが大切である。その場が小・中学校では「道徳の時間」となる。ここでは特に『学習指導要領』第三章「道徳」の第2「内容」、その視点3として明示されている内容項目についてのより充実が図られることを期待したい。また、高等学校ではホームルーム活動や倫理の中で、生徒に自己を深く見つめさせることができないものだろうか。その際、偉大な文学作品や伝記等が児童・生徒の思いや考えを意味づけ、広め、深めることに大きな役割を果たすものと考えられる。この趣旨にも鑑み、小・中学校での道徳の時間では、児童・生徒の人生にとって永遠の糧となり得るような資料が投入されることが有意義である。最近では子どもの心に浸透し自ずと声を出して読みたくなるような読み物や古典が国語教科書から少なくなったという声が聞かれるが、国語科の教材の再吟味を図るとともに、読書指導・図書館指導の充実が望まれるのである。

おわりに

ともかく教師自らが自己の人間としての在り方や生き方を求め続け、宗教心を抱くことが、宗教的情操涵養への道を拓くための鍵であると言わなければならない。アメリカの女流海洋学者、環境学者のレイチェル・カーソン（R.L.Csrson,1907～1964）は、「生まれつき備わっている子どもの〝センス・オブ・ワンダー〟（神秘さや不思議さに目を見張る感性）をいつも新鮮に保ち続けるためには、わたしたちが住んでいる世界の喜び、感激、神秘などを子供と共に一緒に再発見し、感動を分かち合ってくれる大人が一人、側にいる必要があります」と言っているが（Sence of Wander.1965.上藤恵子訳、新潮社、平成8年）、この言葉はこれまで述べてきた宗教的情操の涵養に対しても大きな示唆を与えるものと考えるのである。

〔参考図書〕
村田昇『日本教育の原点を求めて――伝教大師と現代』東信堂、平成元年。
村田昇『「畏敬の念」の指導――こころ・いのち・体験』明治図書、平成五年。
村田昇『生きる力と豊かな心』東信堂、平成九年。

村田昇『日本教育の再建――現状と課題、その取り組み』東信堂、平成一三年。

「日本の教育改革」有識者懇談会『なぜいま教育基本法の改正か』ＰＨＰ研究所、平成一六年。

（『教育創造』日本教育文化研究所、第六〇号記念号。平成一六年一一月一八日）

五　教師の問題

(一) 授業改革と管理職の指導性

――特に「生命尊重教育」の充実を目指して

数年前、関西某市教育委員会主催の管理職研修会に招かれて講演した。学習指導要領告示前であったことから、その改善の方向を中心に話してほしいとのこと。当然、心の教育とも関わって「生命に対する畏敬の念」や「人間の力を超えたものに対する畏敬の念」についても説き触れた。

講演後に挙手があり、「現代は科学によってすべて解決されるのに、人間の力を超えたものに対する畏敬とは何ごとか。そのような考え方にはとてもついていくことができない」ということであった。わたくしは、これが学校長、教頭、指導主事を対象とする研修会の席上であっただけに、唖然とせざるを得なかったのである。

この質問者は昨年の阪神・淡路大震災のことをどのように考えたことであろうか。科学の力によってこれを予知することさえできず、突如として起こった僅か二〇秒足らずの激震のなかで、あれだけ多くの尊い生命が失われてしまったのである。

現在、オウム真理教の幹部に対する裁判が続けられている。彼らの中には自分が専攻していた自然科学の限界を知り、超能力を求めてこのカルト集団に身を投じた者も少なくないと言う。彼らは科学の知識を駆使してサリン等を作り、自分たちに邪魔になる人たちを容赦なく殺してしまった。彼らの幼少期はまじめで学業成績もよく、親にとってはこよなくいい子、自慢の子であったろう。しかし、人間にとってもっとも大切なものが育てられていなかった。彼らはいわば偏差値教育の申し子たちだったのである。わたくしはオウムと大地震の報道に接する度に、あの研修会で発言した中年教師の横柄な態度を思い出す。自殺にまで至らしめるいじめの増加も、これと決して無関係ではなかろう。

「戦後教育の特徴は生命を大切にする教育にある」ということを、あの進歩的教育者たちからよく耳にした。しかしそれが本当であったなら、いじめはもとより、毎日のように報道される残酷な殺人事件は生じない筈である。それは「生命を大切にする」ということが単なるお題目に過ぎなかったからなのか、あるいは「生命」そのものに対する捉え方が間違っていたのか。このことを、今、厳しく反省する必要があろう。

「生命の尊重」は、これまで道徳教育の中でも、「人間尊重の精神」の中で重視されてはいた。しかしそれがとかく「健康の増進と安全の保持」の面に傾斜しがちであったことは否めない。今度、その根本精神の中に従来の「人間尊重の精神」に「生命に対する畏敬の念」が加えられた。「畏怖」と「尊敬」とを併せもつ宗教的なニュアンスをもつ言葉が使われていることの意味は大きい。「健康の増進と安全の保持」は人間存在の基底としてどれだけ重視されてもされ過ぎではないが、しかし「畏敬」されるべき「生命」とは何かが、改めて問われているのである。ここで「生命に対する畏敬の念」とは何かについて論じるいとまはない。ただ、この意味を示唆するものとして、『涅槃経』に見出される「一切衆生悉有仏性」「山川草木悉皆成仏」、また、万物の中に神性を見たフレーベル『人間教育』の冒頭の言葉を指摘しておこう。つまり、生きとし生けるもののうちに内在する聖なるものを感得し、それに対して畏敬の念を抱くことが求められているのである。これを全教育活動の中で充実させることこそ、今日の教育における最重要課題とならなければならないだろう。

最近の教育現場では、何ごとにつけてもマニュアルを求める傾向が強くなったように思われてならない。これでは真の教育、心の教育。生命尊重の教育は、とうていなされ得ない。これは教師自身のもつ世界観、人生観、教育観にまつものが大きい。このための不断の研修が求められる。特に管理職者は単なる方法技術の指導者ではなく、人間探求の先達でありたいものである。

（『日本教育新聞』第五一三六号。平成八年四月一三日）

(二) 学級崩壊の背景と教員の資質向上

① 学級崩壊とは

今日、学校生活の中で子どもの意識や行動の面に著しい変化が見られ、授業が始まっても着席せず、おしゃべりをして遊んでいる子、授業中に立ち歩く子、担任の注意に反抗的な言動をとったり、突然キレてムカツク子、大声で泣いたり、奇声を発したり、物を投げたり、暴力を振う子などが増加しており、学級としてのまとまりや動きができ難いばかりか、授業の成立が困難になっている状況が指摘されている。最近の少年非行には「〝普通の子〟が短絡的な動機から、〝いきなり〟強盗等の重大な非行に走るケースが目立つ」(警察庁)とされているが、これと無関係ではないと思えるのである。また、学級が表面的には荒れていなくても、無気力・無表情・無感動の子が多くなっていることが、あちこちの学校で見られるとも言われている。そうしてそれが一般に「学級崩壊」と称されている。

このことについて文部省から研究を委嘱された学級経営研究会（研究代表者・国立教育研究所長吉田茂）は、平成一一年九月に中間報告を、翌一二年三月にその最終報告を『学級経営をめぐる問題の現状とその対応―関係者間の信頼と連携による魅力ある学級づくり』として発表した。ここで「学級経営」とは、「児童生徒の学校生活での基礎的な生活・学習の単位として、一定の方針の下に編成された〝学級の組織的な諸条件を学校教育目標を具現化する立場から、企画・整備・調整する活動〟である」と定義されている。この「学級経営」が今日極めて困難な状況にあるというべきなのである。ここでは「学級崩壊」という呼び方はなされていない。その呼び方は「事態の深刻さを強烈に意識させる響きを持つ」とはいえ、「複雑な状況をじっくりと多面的に捉えていく姿を弱めてしまう危険をはらんでいる」という理由からである。そうして、上に例示されたような、「子どもたちが教室内で勝手な行動をして教師の指導に従わず、授業が成立しないなど、集団教育という学校の機能が成立しない学級の状態が一定期間継続し、学級担任による通常の手法では問題解決ができない状態に立ち至っている場合」を「学級がうまく機能しない状況」と呼んでいるのである。

②要因と背景

上記報告書では、学校における「生活や学習の集団的基盤」としての「学級」を経営することが困難となっている問題状況の現状が、全国の一五〇学級から集めた事例を通じて、まず次の諸点に留意しながら把握されている。

1.「学級がうまく機能しない状況」を安易に当事者の外側から定義したり、数量化しないで、状況を的確に読み取ること。

2.「学級がうまく機能しない状況」をある一つの「原因」によってその「結果」が生まれたかのように、単純な対応関係として捉えないこと。

3.安易に問題解決のための特効薬を求めるのでなく、一つ一つ丁寧に問題状況を解きほぐし、複合している諸要因に対処していくこと。

ここから、この「学級がうまく機能しない状況」には複雑な要因が絡み合っており、しかもそれらが複合して、新しい状況を生み出していることが理解されるのであるが、同報告書はそれをもたらしている背景として、次のことが挙げられている。

1.学級担任の状況、学校の状況

子どもと一緒に元気よく遊ぶ、エネルギーあふれる教師が少なくなりつつあり、学校のかかえる問題も深刻化している。また、魅力ある教育活動を展開する教師が多くいる反面、マンネリ化した授業から脱却できないでいる教師も少なくない。さらに、学級がうまく機能しない場合に、学級担任を孤立させてしまう状況や、管理職のリーダーシップに問題がある場合もある。

2.子どもの生活、人間関係の変化

少子化や社会生活全般の中で「自己中心的な考え方」が進行し、友人関係が希薄化している。また、子どもの生活も放課後や休日に塾や稽古ごとなどで多忙となっており、遊びも変化し、友人たちと一緒に遊ぶことが少なく、一人でゲームに熱中することが多い。就寝時間も遅くなり、寝不足の実態も指摘されている。

3. 家庭・地域社会の教育力の低下

保護者自身が、すでに少子化や核家族化、家族関係の変化などの中で成長しており、育児の重要性を自覚してはいても、その困難さを実感しながら、日々その重責に耐えてきてはいる。他方、保護者としての責任に無自覚で、子育てに対しても無関心である人も増えており、彼等はもっぱら自分の生活に没頭している。基本的なしつけを家庭で行わず、学校に依存しようとする保護者がいる。そうして、不確かな情報で学校や教師に対する批判を子どもの前で行い、子どもの教師不信を進行させている。

4. 現代社会の問題状況と教育課題

経済不況の影響などによって保護者が将来の生活設計に悩みを抱くことから、基本的な家庭生活を安心して営めなくなった家庭や地域もあり、基本的な生活習慣を身に付けていないまま学校生活に入るような子どもが増えており、不健康な食生活や児童虐待などによって子どもの心身の健康が危険にさらさているることさえ見逃されない。さらに保護者の一部では個人主義的な考え方が強くなり、「わが子の幸福」しか目に入らないといった風潮が、学級がうまく機能しない状況に影響を与えてもいる。

③経営困難な学級の実態、その類型化

これらに留意しながら、「学級がうまく機能しない状況」にあるとされる一五〇学級の事例が次の一〇に類型化され、それぞれについて考察されている。

1. 就学前教育との連携・協力が不足している。
2. 特別な教育的配慮や支援を必要とする子どもがいる。
3. 必要な養育を家庭で受けていない子どもがいる。
4. 授業の内容と方法に不満を持つ子どもがいる。
5. いじめなどの問題行動への適切な対応が遅れた。
6. 校長のリーダーシップや校内の連携・協力が確立していない。
7. 教師の学級経営が柔軟性を欠いている。
8. 学校と家庭などとの対話が不十分で信頼関係が築けず対応が遅れた。
9. 校内での研究や実践の成果が生かされなかった。
10. 家庭のしつけや学校の対応に問題があった。

こうした結果、学級経営の困難な状況には「教師の学級経営が柔軟性を欠いている事例」が約七割と多く、次に「授業の内容と方法に不満を持つ子どもがいる事例」が多かったとするのであるが、しかし指導力のある教師であっても、かなり指導が困難な学級が存在することも指摘されている。より具体的には、「学級がうまく機能しない状況」の直接的な要因として、「教室における子どもの成長の変化とそれを十分に受け止められない学級担任の指導力の問題」を挙げ、それを次の三点にわたって述べている。

1．子どもの集団生活や人間関係の未熟さの問題

特に少子化による環境の変化が子どもの孤立化をもたらしている。

2．特別な教育的配慮や支援を必要とする子どもへの対応の問題

たとえば多動性の傾向をもつ子どもに対する指導の不適切さが、「学級がうまく機能しない状況」を生み出す引き金となることなどがある。

3．学級担任の指導力不足の問題

非行傾向を持つボス的な子どもの存在に手を焼く教師、子どもの実態や勤務校の特性など、環境の変化に弱い教師等もあり、今日の子どもの意識や行動の変化を受け取め、それに的確に対処し得る能力が求められている。

結局、家庭や地域社会の構造的変化の中でその教育力が低下したことによって、親子間の絆が弱ま

り、家庭で当然身につけられておくべき基本的生活習慣が育てられていない、地域での子どもたちの遊びがなく、集団生活の基礎が培われていないことなどに今日の少年に大きな変化が表れているというべきであるが、これらに対する対応が教師たちに十分になされていないことに大きな問題があると言うべきであろう。

④ 教師の問題

以上の調査結果だけから見ても、いわゆる「学級崩壊」をもたらしている原因や背景はすこぶる複雑であるが、何といっても、このような現象を生じさせている大きな原因として、やはり幼少期における家庭の教育力が低下していることが挙げられなければならず、特に問題の子には何か愛情に飢えているような感じが見られてならない。さらに、心の面での育ちが弱く、本来は家庭で育てられるべき基本的な生活習慣や自立性が育っていないのである。学級担任教師としては一人ひとりの児童生徒の生育暦や家庭での育児状況をも調査し、同時にペスタロッチーのいわゆる「目と目、面と面、心と心」をもってその内奥にひしめくものを敏感に捉え、臨機応変しながら対応することが大切となる。なによりも授業参観等を通じて保護者が学校での我が子の姿を理解するように配慮し、学校との連携を強めていかなければならない。

また、地域の連帯感や教育力が希薄化して、子どもたちが地域の中で友だちと一緒に遊んだり、地域行事に参加して、集団の中で協力して行動したり、身を律することを学ぶことが少なくなっていることにも、その原因があろう。

教師は保護者に対して子どもたちの現状に触れさせ理解を深めながら、胸襟を開いて語り合い、社会の風潮や世相など、学級崩壊を生じさせている原因は他に多々あるとしても、ともかくもこのような子どもたちに育てたことは何としても大人の責任であることを反省し、互いに他に責任を転嫁し合うようなことなく、自分自身の問題として協力し合って解決の道を求め合うことが大切なのである。特に学校としては、子どもの変化に気づき、それに十分に対応してきたとはかならずしも言い切れないし、また、子どもたちの自己中心的な行動をそのまま是認することが、子どもの自由を尊重し個性を生かすことであるかのような風潮に流されていなかったかを厳しく反省する必要があろう。

学校教育の場においては、学級は子どもたちにとって学習と生活の基盤であり、それだけに、子どもの教師に対する信頼感が特に確立され、子ども相互間に好ましい人間関係が樹立されていることが、学級を成立させる基本的条件である。したがって、中央教育審議会答申にも謳われているように、その学校と学級が子どもたちにとって、「共に学習する場であると同時に共に生活する場」として整えられ、子どもたちの教師に対する信頼感が確立されるとともに、子ども間にも好ましい人間関係が樹立され、温かい家庭的な雰囲気で満たされていることが大切である。この中で教師は「一つの物差し」でなく、「多元的な、多様な物差し」で子どもたちのよさや可能性を見出し、「一人ひとりの子が自分がかけがえのない一人の人間として大切にされ、頼りにされていることを実感でき、存在感や自己実現の喜びを味合うことができるよう」(教育課程審議会答申)適切な指導や助言を行うことが必要となる。

しかしこのことは、子どもの自己中心的言動をそのまま認めるのではなく、教師は子どもに対する愛情と信頼を基に、一人ひとりの子どもの心の内奥にひしめくものを深く把握し、時には優しく時には厳しく、しかも根気強く、子どもたちが基本的な生活習慣や「社会生活上のルールを身に付け、〝よいことはよい、悪いことは悪い〟と自覚できるように繰り返ししっかりと指導する」(教育課程審議会答申)ことが大切である。このため、どうしても子どもたちに身に付けさせなければならない最低限必要な事項を全教職員が共通理解し、全体として対応することが肝要となる。教師間で指導のばらつきがあるならば、子どもや保護者に教師や学校への不信を招くからである。教師はまた、自分の担任する学級の子どもにかかわる悩みや問題を包み隠すことなく、同学年の担任教師と相談し、教職員会議にも諮りながら、共どもに対応することが必要である。

学校は家庭との連絡を密にし、学校・学級通信や授業参観などを通じて保護者が子どもを理解し、教師と胸襟を開いて「学級崩壊」を打開するための方途を考え合うことが望まれる。さらに、「開かれた学校」として関係諸機関・諸団体との連携・協力を図り、家庭・学校・地域社会がそれぞれの教育機能の特質を生かして協働していく体制を樹立することに努めたい。このため、学校長等、管理職のリーダーシップが強く求められるのである。なお同報告書は、次の五つの回復事例を考察し、そのポイントを提案している。

1．子どもの実態に即した学級経営
2．指導観の転換により信頼関係を取り戻す
3．学年合同授業や「支援員」「相談員」を活用する
4．幼保・小・中が連携し支援する
5．保護者が学級の様子を把握し支援する

そうしてそこから、今後の取り組みのために、次の五点を挙げている。

1．早期の実態把握と早期対応
2．子どもの実態を踏まえた魅力ある学級づくり
3．ＴＴなどの協力的な指導体制の確立と校内組織の活用
4．保護者などの緊密な連携と一体的な取り組み
5．教育委員会や関係機関との積極的な連携

参考とされるべき事項である。

（『別冊教職研修』No.10、教育開発研究所。平成一一年一〇月。同一二年一〇月）

〔付〕人権教育

「人権教育」とは、「人権教育のための国連一〇年行動計画」には「知識と技術の伝達及び態度の形成を通じ、人権という普遍的文化を構築するために行う研修、普及及び広報努力」と定義されているが、我が国の「人権教育及び人権啓発の推進に関する法律」（平成一二年一二月六日、法律一四七号）の二条（定義）には、端的に「人権教育とは、人権尊重の精神の涵養を目的とする教育活動」とある。ちなみに、この法律は「人権の尊重の緊急性に関する認識の高まり、社会的身分、門地、人種、信条又は性別による不当な差別の発生等の人権侵害の現状その他人権の擁護に関する内外の情勢にかんがみ、人権教育及び人権啓発に関する施策の推進について、国、地方公共団体及び国民の責務を明らかにするとともに、必要な措置を定め、もって人権の擁護に資することを目的」として制定されたものであり、その「国及び地方公共団体が行う人権教育」とは、「学校、地域、家庭、職域その他の様々な場を通じて、国民が、その発達段階に応じ、人権尊重の理念に対する理解を深め、これを体得することができるよう、多様な機会の提供、効果的な手法の採用、国民の自主性の尊重及び実施機関の中立性の確保を旨として行われなければならない」ことを、その「基本理念」としている。

この人権教育が、「世界人権宣言」（一九四八年、第三回国連総会で採択）、「児童の権利宣言」（一九六六年、第二一回国連総会で採択）、「国際人権規約」（一九六六年、第二一回国連総会で採択）、「児童の権利に関する条約」（一九八九年、第四四回国連総会で採択）等の趣旨の達成を図るものであることは、言うまでもない。なお、一九七四年のユネスコ第一八回総会で採択された「国際理解、国際協力及び国際平和のための教育並びに人権及び基本的自由についての教育に関する勧告」と「世界人権宣言」三〇周年の一九七八年にウィーンで開催された「国際人権教育会議」の「最終文書」が、その後の人権教育の発展を大きく促したと言わなければならない。

世界では今なお民族的・宗教的差異に係る戦争や紛争、テロ、独裁的政治体制、天災等のために、日々の衣食住にこと欠くばかりか、生命の危険に曝されている人たちも少なくない。エイズによる新しい差別も社会問題化している。我が国においても、同和問題をはじめ、女性の地位向上、障害者の社会参加、さらには高齢者の福祉や外国人労働者への対応等が大きな問題となっているし、北朝鮮による拉致被害者も放置しておくことができない。家庭における児童虐待や学校における〝いじめ〟や体罰についても、人権問題としての取り組みが必要となっている。他方、人権擁護の美名の下に、公共の福祉や社会規範に悖ることが平気で行われたり、とくに学校のなかで校則に従わせることが子どもの人権侵害になるとされ、子どもたちに過剰な自由が認められ、授業中に私語をしたり勝手に立ち歩いても、教師はそれに対して注意することが許されないとする意見さえ、一部から出されている。それだけに、人権教育の果たすべき役割は大きいと言わなければならない。

ここで「人権」について詳述するいとまはないが、ただ「児童の権利に関する条約」の一二条に「児童の意見は、その児童の年齢及び成熟度にしたがって相応に考慮されるものとする」とあり、また、一三条では「権利の行使については、一定の制限を課することができる」とされ、その制限が「（a）他の者の権利又は信用の尊重、（b）国の安全、公の秩序又は講習の健康若しくは道徳の保護」という目的のために必要とされるものに限り、法律によって定められることになっていることにも鑑み、子どもの人権を尊重することが、その放縦に言動をそのまますべて認めることを決して意味しないことだけを指摘しておきたい。あくまで、自己と公共、自由と秩序、権利と義務、責任等との関係について、正しく理解するように導くことが肝要なのである。

人権教育は、究極的には、児童・生徒に対して、一人ひとりに授けられた掛け替えのない生命の尊厳に対する自覚を基に、自他の人格を尊重し、公共の一員として生きるなかで、擁護されるに値する自己の人権の意義について考えさせるものでありたい。それだけに、人権教育は学校教育の全体を通じて取り組まれるべきであり、日常的な学校生活上での指導をはじめ、各教科、特別活動及び総合的な学習の時間、道徳の時間等、それぞれの特質に応じて適切に指導されることが求められるのである。

（教職研修総合特集『校長・教頭実務百科』第五巻『職員指導・対応百科』教育開発研究所刊、平成一六年）

(三) 個性を生かす新しい教師像

はじめに

わたくしはこれまで、教師について書いたことはない。十数年前に、京都大学名誉教授下程勇吉博士から大阪の某女子大学への出講を博士の代理として急遽依頼され、「教育者の教育人間学的研究」というテーマで数日間の講義をしたことがあるが、まさに汗顔の至りであった。もちろんその講義内容にかかわることは、どこにも発表していない。

「教育は人なり」と言われるように、教育の成否を決するものは、何と言っても教師その人であることについては、わたくしも同感である。それについての学的究明をいまだに行っていないことは、わたくしの怠慢でもある。しかし、ペスタロッチーが、子どもよりも少し高い能力があるならば、だれもがその子を教育することのできるような教育術を見出すために苦慮したように、わたくしも、教師そのものを論ずるより先に、実践的な手立てを講ずるための基礎理論を究明しなければならないと考えていたことも事実である。それなしに教師の在り方を論ずるのでは、とかくお説教となりがちである。教師さえちゃんとすれば、どのような教育でも可能であると言うのでは、教育学などは不要になる。教師そのものの在り方は、教師みずからが、教育の本質とは何かを考え、実践するなかで考えてほしいと言うのが、わたくしのいつわらない気持ちである。特に今日のように、まさに教師の受難時代と言われる程にジャーナリズムからの教師に対する批判が強いとなると、一層、そのことを強く感じざるを得ない。この小論も、この気持ちから発している。

① 個性を生かすということ

最近、臨時教育審議会の答申等を巡って、教育の個性化ないし自由化の論議が盛んである。そこにはどうも今日の学校教育が画一的・硬直的・閉鎖的なものとなり、子どもの自主的精神、個性、自立性を伸ばすという点では極めて不十分であるという考え方が支配的であるように思われる。確かに、全国のどの学校を訪ねてみても、同じような校舎の中で同じような教育が行われているように感じられる。一見すると、画一的であるように思われるが、義務教育を行う学校で、すべての国民に、世界の中の日本人として最小限度必要な基礎的・基本的な能力を身に付けさせるためには、各学校間に格差があることは許されない。各学校では、その共通性を踏まえながらも、地域の特色に応じた独自な校風を築くための努力がなされていると考えられる。したがって、わたくしには、それほど画一化し硬直化しているとは考えられないのである。また、少年非行激増の中で、学校だけではそれに対処することができないということもあって、学校の閉鎖性も打ち破られつつある。

教育の本質は、一人ひとりの子どもの内にあるものを目覚し、それを引き出すことである。学校教育が集団の中で、集団を通してなされているとしても、それはあくまで一人ひとりを育てるためになされているし、また、なされなければならない。一人ひとりの子どもの個性を生かし、それを育てるということは、教育活動として極めて当然のことであると言わなければならない。

しかし、個性とは単なる個人の差異性ではない。ある一人の子がたまたま絵を画くのが上手であるということから、その子の個性を生かすことが、絵ばかり画かせるということであってはならない。クラックホーンは、「ひとはすべてのひとに似ており、いくらかのひとに似ており、なんぴとにも似ていない」と言うのであるが、この「なんぴとにも似ていない」ものが、その人間の個性なのである。それには「すべてのひとに似ている」と言う意味での共通性ないし普遍性がなければならないし、「いくらかのひとに似ている」と言う意味での類似性がある筈である。したがって、個性とは、他の多くの人間との関わりの中で、多面的な価値内容との対決の中で開花し、展開されていくものと言わなければならない。シュプランガーが、フンボルト研究を通じて、個性を「個人性・普遍性・総体性」として把えたのは、示唆的である。義務教育学校の中で、基礎・基本の教育が重視されるのも、当然である。

とは言っても万人に通ずるような人生の公式はない。したがって、一つの公式を絶対視して、それを基準としてすべての子どもに適用させるような教育の在り方は、あり得ない。今日の親たちの高学歴志向の中で、とかく一つの公式がすべての子どもに適用され過ぎたきらいがあることは否定できない。その公式に合わない子どもは、いわゆる落ちこぼれとなり、自己の存在意義を見失い、それを他の面で現わそうとして、それが非行やいじめ減少を生む原因ともなっているのであろう。

わたくしたちは、どのような子どもにも内に秘められた可能性とかエネルギーを持っていることを信じたい。ただ一律に開花はしない。早いものもあれば、遅いものもある。現れ方も多様である。わたくしたちは、それぞれの子どもの何か得手とするものを子どもの多様な活動の中から見出してやり、それを認め、自信と誇りを持たせてやりたい。一つのことに対する自信と誇りが、他の全体へと発展することもあり得る。それを気長に育てたい。そうして、人生には公式がないという自覚から、自分の真の個性が発揮され得る途を自らが求めるように促していくのである。

②聡明と若さ

郷土の先覚である杉浦重剛の座談録（岩波文庫）に、次のようなエピソードが述べられている。

「四〇年前一弟子初めて先生に見えし時、庭後に枯葦原あるを見て、これに火をつたたらおもしろいでせうと言ふ。先生答へて曰く『わしもさう思ふがたゞやらんだけぢゃ』某深く其言に感じ今に至って忘れず。」

わたくしであったなら、「何を言うのか、そのようなことをしたら、稱好塾が燃えてしまうではないか」と、叱りつけたことであろう。しかし、杉浦は「わしもさう思ふ」と、生徒の気持ちになりきり、共感している。しかしそれに留まることなしに、「たゞやらんだけぢゃ」と、自分の気持ちを端的に表明している。お説教ではない。自分の生き方をさりげなく表明したことによって、生徒に示唆を与えただけでなく、大きな人格的感化を与えているのである。

ルソーは、教師の持つべきもっとも核心的な資質として「聡明」と「若さ」を挙げている。この「聡明」とはその学識と教養の高さではない。それは、「人間自然の発達の順序を知り、人類または個人を研究することができ、かつまた生徒の年齢に応じ、興味あるいくたの事物を示し、いかにして生徒の意志がそれに向かってゆくかを知り、それについての手段をもち、その手段の使用法を知っている」という「教師としての知識」をもつことである。また、「若さ」とは年齢的若さではなく、うぶ、すなわち、純であり、情熱、熱心、正義、困難を克服して進む勇気、未熟であるからこそかえって完成へと向かう力そのもの。言うならば「精神的若さ」である。この若さのみが、教師をよく児童・生徒の高さに降ろさせ、教師と児童・生徒とを結合する精神的絆となり得るのであろう。杉浦は、この「若さ」と「聡明」とを生まれながらにして持っていたと言える。このような「聡明」と「若さ」を持っているならば、児童・生徒の内奥にひそむものを全体的に捉え、その個性を生かし、また、育てていくことができるであろう。公式にとらわれない広い視野や深い洞察、ユーモアの精神も生じてくる。たとえ学校教育が画一的・硬直的・閉鎖的になっているとしても、それによっておのずと打破されることであろう。

③聡明さと若さを保つために

杉浦のような教育的天才は、天性のものであるかもしれない。下手に真似すれば、かえって白けたものになるであろう。しかし、聡明と若さを保ち、さらにそれを伸ばしていくために努力することはできるし、また、努力しなければならない。

すでに故人となられた大阪大学教授森昭博士は、生前にわたくしによく言われたものである。「滋賀県で講演する時は緊張しますよ。教育学や哲学の書物をよく読み、しかもそれを実践化している先生方が多いですからね」と。

確かに森博士の全盛期には、そのような大校長が多かった。有名な哲学・倫理学・心理学・教育学関係の書物と、自分が得意とする科目に関わる専門書はほとんど買い、書店に借金するのが誇りであったと言う。しかもそれらの著者が講演に来られると、大阪辺までも、泊まり込んで聴きに行かれたとのこと。そうして、それらの学説は見事に消化され、教育実践の中に生かされていた。わたくしが学校訪問した際に、「ペスタロッチーが、ナトルプが、あるいは、篠原助市先生が、長田新先生が、……このようなことを言われているが、それをこのように生かそうとしました」などと話され、わたくし自身、非常に教えられた。授業にも哲学があったのである。

教育愛に支えられた求道の精神、深い思索と体験に基づいた人生観・教育観、豊かな人間性、それでいて、真理に対する謙虚さ、探究心。そこから捉えられた児童・生徒観。まさに聡明と若さが、そのような先生方から感じ取られたと言ってよい。わたくしの駆け出し時代を支えてくださった先生方に深い畏敬の念をもって、感謝せざるを得ない。

戦後の教育は、確かに教育技術面では進歩した。しかし、技術は法則と同様に、個を超えたものとして作用し、しかも全体的視野を見失わせる。今一度、先人から学びたい。

（『初等教育　みずうみ』滋賀大学教育学部附属小学校、第七六号。昭和六二年）

第254号　滋　賀　教　育　昭和46年6月1日　(4)

滋賀県教育歌について

滋賀大学教育学部教授
村　田　　昇

わたくしの小学校の頃、当時教職についてまだ間もない姉たちと、夕食後よく合唱をしたが、そのときによく唱った一つの歌が、今でも忘れられない。わたくしは、その荘重な曲にひかれてしばしばこれをリクエストし、ときにはオルガンの伴奏役をも引受けた。幼いわたくしには、その歌詩の意味が十分には把えられなかったとはいえ、これを唱うときには、何か目頭が熱くなるのをおぼえ「自分も将来は教育者になるのだ」という決意を、ひそかに抱かされたものである。

この春休みに、久しぶりに押入れを整理した。そこに残されていた父の行李の底から見出されたのが、この、今なお忘れられない思い出の楽譜であった。しかもそれが、五十五年間、県下の教育界にお世話になった父の七回忌をすませたあとにである。

この歌詩は、昭和十年に、滋賀県教育会で懸賞募集され、富田砕花先生の選によったものに、当時広島高等師範学校の訓導であった山本寿先生が作曲されている。ちなみに山本寿先生は、わたくしの学生時代には高師の講師であり、わたくしが親しく師事した恩師でもある。不思議な縁を感じざるをえない。

この歌は、作られてから三十数年を経るとはいえ、今日なお不滅の道をわたくしたち教育者に示しているものと思われる。広く歌い続けられることを念じている。

（下に歌詩・楽譜掲載）

滋賀県教育歌

作歌　岡　正夫
作曲　山本　壽

㈠
琵琶《びは》の湖《うみ》　ゆたかなる
神《かみ》のみ啓示《さとし》　きざみつつ
荒《すさ》ぶる世《よ》にも　われは人《ひと》の師《し》
啓愛《けいあい》の則《のり》に　尊《たふと》く生《い》きむ

㈡
藤蔭《ふぢかげ》ぞ　いのちなる
聖《ひじり》の教訓《おしへ》　したひつつ
奢侈《おごり》の世《よ》にも　われは人《ひと》の師《し》
力行《りよくかう》の道《みち》　正《ただ》しく生《い》きむ

㈢
比叡《ひえい》の山《やま》　はるかなる
峰《みね》の白雪《しらゆき》　あふぎつつ
濁《にご》れる世《よ》にも　われは人《ひと》の師《し》
操《みさを》の守《まもり》　清《すず》しく生《い》きむ

滋賀縣敎育歌

作歌　岡正夫
作曲　山本壽

著者紹介

村田　昇（むらた　のぼる）

大正15年。大津市に生まれる。滋賀県立膳所中学校、広島高等師範学校を経て、昭和26年、広島文理科大学教育学科を卒業。滋賀大学学芸学部助手、講師、助教授を経て、昭和45年、滋賀大学教育学部教授。平成４年に停年退官し、滋賀大学名誉教授。引き続き、京都女子大学に契約教授として勤務し、平成12年に退職。教育哲学専攻。教育学博士。昭和44年度文部省在外研究員として、ハンブルク大学に留学。昭和49年度総理府日本青年海外派遣団アフリカ班団長として、東アフリカ諸国を訪問。その間、教育哲学会理事、滋賀県青少年育成県民会議会長、保護司、滋賀県公安委員長等を歴任し、現在、「日本の教育改革」有識者懇談会（略称「民間教育臨調」）代表委員兼学校教育部会長。

［主要著訳書］『現代道徳教育の根本問題』明治図書、昭和43年。『国家と教育 —— シュプランガー政治教育思想の研究』ミネルヴァ書房、昭和44年。『教育の実践原理』ミネルヴァ書房、昭和49年。『現代道徳教育論』（編著）ミネルヴァ書房、昭和49年（全訂版、昭和六〇年。新版、平成２年）。シュライヒャー編『家庭と学校の協力 —— 先進八ヵ国・悩みの比較』（監訳）サイマル出版会、昭和56年。『教育哲学』（編著）東信堂、昭和56年。『道徳教育』（編著）東信堂、昭和56年。『現代教育学』（編著）東信堂、昭和61年。シュプランガー『教育学的展望 —— 現代の教育問題』（共訳）東信堂、昭和62年。『日本教育の原点を求めて —— 伝教大師と現代』（編著）東信堂、平成元年。シュプランガー『人間としての在り方を求めて』（共訳）東信堂、平成２年。『「畏敬の念」の指導 —— 心・いのち・体験』明治図書、平成５年。『これからの社会教育』東信堂、平成６年。『シュプランガーと現代の教育』（編著）玉川大学出版部、平成７年。『シュプランガー教育学の研究』京都女子大学研究叢刊、平成８年。『生きる力と豊かな心』東信堂、平成９年。シュプランガー『人間としての生き方を求めて —— 人間生活と心の教育』（共訳）、東信堂、平成９年。『パウルゼン／シュプランガー教育学の研究』京都女子大学研究叢刊、平成11年。『日本教育の再建 —— 現状と課題、その取り組み』（編著）東信堂、平成13年。『日本教育の危機とその克服』東信堂、平成13年。『道徳の指導法』（編著）玉川大学出版部、平成15年。『戦後教育の反省とその再生』学事出版、平成17年。その他多数。

［現住所］ 滋賀県大津市仰木二丁目３－37（〒520－0247）

ふるさとからの教育論—近江の心に育てられて—

発行日2005年６月20日

著　者　村　田　　　昇
発行者　岩　根　順　子
発行所　サンライズ出版株式会社
滋賀県彦根市鳥居本町655-1
TEL0749-22-0627
http://sunrise-pub.co.jp/

ISBN4-88325-276-0 C1037